AF357086

LE
ROI DE ROME

PAR

J.-B. Charles Paya

> Le même pays qui produisit des citoyens
> énergiques sous une constitution libre, voit
> maintenant un peuple hypocrite et rusé sous
> un gouvernement artificieux et fourbe.
> L'abbé de MONTGAILLARD.

———◇———

PARIS
CHABOT-FONTENAY, LIBRAIRE-ÉDITEUR
32, RUE NOTRE-DAME-DES-VICTOIRES, 32

1861

LE
ROI DE ROME

Le même pays qui produisit des citoyens énergiques sous une constitution libre, voit maintenant un peuple hypocrite et rusé sous un gouvernement artificieux et fourbe.

L'abbé de MONTGAILLARD.

I

D'autres ont démontré la nécessité qu'il y a pour l'Italie à ce que nos troupes cessent d'occuper Rome. L'objet que je me propose est de mettre à nu les défauts et les vices du gouvernement pontifical. Déjà, dans trois opuscules successifs (1), j'ai signalé le mauvais régime des prisons, montré les abus de l'instruction pénale, indiqué la triste condition des employés laïques dans l'État romain. Je vais maintenant jeter un coup-d'œil sur l'administration de ce même État, que tant de prôneurs intéressés s'efforcent de présenter comme un modèle.

II

Et d'abord comment se fait-il, si c'est à bon droit qu'on vante l'excellence de ce gouvernement, comment se fait-il

(1) *Un Prisonnier du Pape. — Les Prisons Papales. — Causeries politiques.* — Brochures in-8°. Paris, Chabot-Fontenay, éditeur.

que le Pape, pour soutenir son pouvoir temporel, soit obligé de recourir à des subterfuges et même à des faux ? Un procès devant le tribunal correctionnel d'Oran, que nous rapporte l'*Echo d'Oran*, reproduit par le *Moniteur de l'Algérie*, est toute une révélation sur ce système de tromperies.

Dans son audience du 12 septembre 1861, le tribunal correctionnel d'Oran avait à juger un nommé Meyer (Jacob), fusilier au 2ᵉ régiment étranger, coupable de désertion à l'intérieur, et de plusieurs vols par lui commis pendant son absence de son corps.

Des débats du procès et des aveux de l'accusé, il résulte que le prétendu Jacob Meyer, qui se disait Autrichien, était un Français, nommé Jean Vehrlé, natif de Cernay (Haut-Rhin), déjà condamné, en 1857, à trois mois d'emprisonnement pour vol, par le tribunal de Béfort. Il est prouvé en outre que, depuis ce temps, le faux Meyer a commis deux vols : l'un à Oran, et consistant en linge et effets d'habillements; l'autre à Fleurus, et consistant en une montre, une alliance, deux foulards, etc., etc. Après cette constatation, l'interrogatoire de l'accusé, ou plutôt du coupable, devient trop curieux pour ne pas le reproduire textuellement :

» M. le Président. Pourquoi vous êtes-vous engagé sous un faux nom ? Ne serait-ce pas pour dissimuler vos antécédents judiciaires ?

R. Non, monsieur le président. En 1859, je quittai l'Algérie, où j'avais servi dans le 54ᵉ de ligne; arrivé à Marseille et me trouvant à la gare du chemin de fer, je fus accosté par un recruteur de l'armée du Pape, qui me demanda si je voulais servir dans l'armée pontificale. J'acceptai, mais un zouave et un chasseur du bataillon d'Afrique qui se trouvaient avec moi, et auxquels la même proposition fut faite, refusèrent. Je remis mes papiers au recruteur, qui me solda immédiatement le montant de ma prime d'engagement, 170 francs. Je devais recevoir et je reçus en effet

5 francs par jour jusqu'à mon arrivée à Civita-Vecchia; mais en arrivant dans cette ville, je fus incorporé sous le nom de Jacob Meyer, sujet autrichien. On agit de même envers tous ceux qui sont recrutés en France.

M. le Procureur impérial. Il existe donc à Marseille un dépôt de recrutement secret pour le compte de l'armée pontificale?

R. Oui, monsieur; à Marseille existe un dépôt général. Il en existe un autre à Pontarlier. La frontière est garnie de recruteurs pour le compte du Pape; mais ces recruteurs prennent les papiers des Français, et donnent en échange des papiers étrangers aux recrues qu'ils engagent.

M. le Procureur impérial. Mais pourquoi donc, vous Français, consentiez-vous à servir à un pareil titre dans une armée étrangère?

R. Je n'étais pas le seul; il y avait à Rome des officiers français qui servaient dans les rangs pontificaux. En arrivant, je fus placé dans un des régiments; mais j'y étais très mal : la discipline était plus que sévère; la moindre faute était punie de la bastonnade. J'ai reçu un jour 25 coups de bâton pour avoir manqué à l'appel; mais l'arrivée du général de Lamoricière changea un peu notre position; on ne frappait plus autant, mais on frappait encore.

D. Comment avez-vous quitté l'armée pontificale? N'en êtes-vous pas déserté?

R. Non. D'ailleurs, à Rome la désertion est punie des travaux forcés à perpétuité avec accompagnement de bastonnade, et quelquefois de la peine de mort; sans cela, tout le monde déserterait. J'ai assisté à la bataille de Castelfidardo, puis je me suis retiré à Ancône, et j'y ai été fait prisonnier par les troupes piémontaises. Renvoyé en France avec beaucoup de mes camarades et débarqués à Marseille, nous nous trouvions sans ressources. Arrivés à Avignon, l'archevêque d'Aix, vu notre qualité de soldats de l'armée pontificale, nous fit remettre à chacun 5 francs. Ne sachant que faire, me trouvant sans ressources et avec de faux papiers, je m'engageai pour deux ans dans le 2ᵉ régiment étranger.

Arrivé au corps, je demandai à faire régulariser ma position ; mais il me fut répondu que je devais d'abord accomplir le temps de service pour lequel je m'étais engagé. Ce fut alors que je perdis la tête ; je désertai d'abord, je travaillai dans la campagne, mais je n'étais pas tranquille : la crainte d'une arrestation me tourmentait d'autant plus que je savais que le colonel de la légion ne me renverrait pas devant un conseil de guerre, mais bien à la section de discipline, où l'on est fort maltraité ; ce fut pour m'y soustraire que je commis le vol de la montre, mais je nie avoir rien volé ailleurs.

D. N'avez-vous pas été condamné antérieurement pour vol ?

R. Non.

M. le Procureur impérial. Vous avez été condamné à trois mois de prison pour vol par le tribunal de Béfort, le 23 janvier 1857.

R. C'est vrai, je l'avais oublié.

Le tribunal, sur les réquisitions du ministère public, condamne le prévenu à quinze mois de prison ; cette peine ne se confondra pas avec celle de trois années de prison prononcée par le conseil de guerre. »

Après cette révélation édifiante, nous allons passer à l'examen de l'administration pontificale. Notre écrit, coupé en de nombreux paragraphes, qui comprendront autant de sujets différents, se divisera en deux parties principales : l'éloge du gouvernement papal par un diplomate bien connu, et notre réponse à ces surprenantes assertions.

III

Dans une *Note*, qui lors de sa publication fit du bruit, un ancien ambassadeur de France à Rome, séduit par de trompeuses apparences, donnait une approbation presque absolue au gouvernement pontifical. Quoique ce prôneur du Pape-Roi ne soit pas le premier en date, et même qu'il soit mort depuis que son écrit nous a été révélé, nous le prenons de préférence à tout autre, à cause de l'importance que donne à son opinion la position qu'il occupait.

Selon M. de Rayneval, 1° « Tout État indépendant est tenu de se suffire à lui-même et d'assurer sa sécurité intérieure par ses propres forces. » Le gouvernement pontifical manque à cette condition essentielle, et l'on croit trouver les motifs de sa faiblesse dans une administration défectueuse. En réalité, les causes sont autres. Les populations sont mécontentes de ce que le rôle de l'Italie dans le monde n'est pas ce qu'elles ont rêvé, et elles regardent le pouvoir temporel du Pape comme le principal obstacle à la satisfaction de leur sentiment national. « La papauté, jusque-là protégée par un très grand prestige », a décru depuis cinquante ans dans le respect et la considération des peuples. Le régime constitutionnel, établi peu à peu dans la plupart des États, a fait se demander « s'il était conforme aux tendances du siècle, s'il était honorable d'obéir à un prêtre et de perpétuer un système suranné. La complaisance hautement avouée de plusieurs cabinets pour les plaintes proférées par les populations », leur a été un encouragement. Les victoires momentanément remportées sur la papauté ont achevé « de la dépouiller de son prestige. » Elle n'est « plus l'arche sainte contre laquelle aucun effort ne devait prévaloir. » On s'est accoutumé « à l'idée de la voir disparaître. » Voilà pourquoi le gouvernement pontifical est vulnérable, pourquoi « son territoire est occupé par des troupes étrangères, et l'on se demande s'il peut se passer de cet appui. »

IV

2° Sauf un certain nombre d'exceptions remarquables,

continue l'auteur de la *Note*, si les Italiens ont, beaucoup plus que d'autres peuples, « l'intelligence, la pénétration, la compréhension de toutes choses », on peut leur reprocher « une absence trop fréquente des qualités du caractère, telles que l'énergie, la force d'âme, le vrai courage civil. » Les Italiens « n'ont pas d'entente, pas d'union, ni dans les affaires privées, ni dans les affaires publiques. » Dans les armées, « à l'heure de la parade, les rangs sont serrés ; à l'heure du danger, les chefs sont accusés de trahison, et les soldats ne comptent plus les uns sur les autres... Tout peuple porte la peine de ses défauts : mais comment lui faire comprendre que c'est à lui-même, et non pas à ses gouvernants, qu'il doit attribuer son infériorité? Il est de mode de prendre les Piémontais pour des Italiens, et de les citer pour exemple de ce qu'on peut attendre des populations italiennes. C'est une grande erreur. Les Piémontais sont une population intermédiaire, qui a beaucoup plus du Suisse et du Français que de l'Italien. Leur langage n'est pas italien, pas plus que leurs mœurs. »

V

3° Si les populations italiennes formulent beaucoup leurs plaintes, on pourrait, poursuit l'ancien ambassadeur de France, dire quant à ces plaintes « qu'il y en a à peu près autant que d'individus. » Dans le bas fond de la société, le carbonarisme s'est maintenu et continue à faire des recrues : les mazziniens sont déjà une classe un peu plus relevée. La république universelle, l'unité de l'Italie, la constituante, la guerre à l'Autriche, tel est leur programme. « La classe moyenne et la haute classe en général sont tourmentées du désir de prendre part aux affaires publiques. L'exemple du Piémont leur tourne la tête. Une constitution à l'anglaise leur paraît merveilleusement adaptée aux mœurs comme aux besoins du pays. Convaincues que la présence du Pape est un obstacle invincible à la réalisation de leurs projets, elles appellent de tous leurs vœux l'anéantissement du pouvoir pontifical. Sans aller jusqu'à la constitution anglaise, un certain nombre d'individus, qui se disent attachés au gouvernement pontifical, et qui cependant l'accablent de leurs coups, prétendent borner leurs désirs à une administration meilleure. Ils sont incapables d'indiquer ce qu'ils entendent par là. Moins imposés que la plupart des peuples de l'Europe, ils se disent écrasés par les exigences du fisc. Un dernier parti attribue tout le mal à l'abandon des anciens erremens. Si l'on retournait au régime ecclésiastique tel qu'il existait autrefois, les passions s'apaiseraient, et toute difficulté disparaîtrait. Entre tous ces partis, il y a une foule nombreuse fort indifférente à toute chose, sauf à son bien-être, aimant certainement à médire, mais amie de l'ordre, et vivant en bons termes avec le gouvernement pontifical. »

VI

4° M. de Rayneval déclare qu'après avoir « longuement examiné les véritables causes du malaise des populations », il n'a « vu nulle part qu'elles eussent une connexion directe avec le mode d'administration. Au fond, c'est le principe même du gouvernement qui est en jeu, et non pas sa manière de faire. Quels reproches graves peut-on adresser à l'administration pontificale, et quelle idée se fait-on des hommes qui la composent?... On s'imagine généralement que l'administration pontificale est exclusivement confiée aux mains des prêtres. On dit que le prêtre, destiné à défendre les intérêts du ciel, n'entend rien à ceux de la terre ; que n'ayant pas de famille, peu lui importe la prospérité du pays ; que, séparé de la société, il ne peut en connaître les véritables besoins ; que l'esprit de corps l'emporte chez lui sur l'esprit de nationalité, et ainsi de suite. On ne veut pas comprendre que le prêtre employé au civil par la cour de Rome, la plupart du temps, n'a pas le caractère sacerdotal ; que, loin d'accaparer l'administration, il y est en grande minorité. » En général, on porte à 3,000 le nombre de prêtres employés dans l'administration de l'État romain. Suivant M. de Rayneval, il ne s'élève pas à 100, et la moitié de ces prétendus prêtres ne sont pas dans les ordres.... « Le prélat romain n'est nullement tenu d'entrer dans les ordres. La plupart du temps il s'en dispense. Or, peut-on appeler prêtres des hommes qui n'ont rien du prêtre que l'habit ? »

VII

5° Si l'on examine dans ses détails, dit encore notre diplomate, la part faite au prélats, prêtres ou non prêtres, dans l'administration romaine, on arrive à ces résultats : « Hors de Rome, c'est-à-dire dans toute l'étendue des États pontificaux, à part la capitale, dans les Légations, les Marches, l'Ombrie (1) et toutes les provinces, au nombre de 18, leur nombre ne dépasse pas 15, un par province, sauf 3 où l'on n'en compte pas un seul. Ils sont délégats, nous dirions préfets. Près d'eux, conseils, tribunaux, employés de toutes sortes sont laïques. Le nombre de ces derniers s'élève à 2,313 de l'ordre civil, 620 de l'ordre judiciaire, en tout 2,933, soit 1 employé ecclésiastique sur 195 employés laïques..... Dans la ville de Rome, la secrétairerie d'État, ou ministère des affaires étrangères, non compris les agents à l'étranger, compte 5 ecclésiastiques sur 19 laïques. Les principaux de ces ecclésiastiques, tels que le cardinal secrétaire d'État

____

(1) Le mémoire dont nous extrayons ces passages est antérieur aux dernières conquêtes de Victor-Emmanuel.

ef son substitut, ne sont pas prêtres, pas plus que la majeure partie des préfets, qui sont notés ici comme ecclésiastiques. Le conseil d'État compte 3 ecclésiastiques sur 10 laïques. Le ministère de l'intérieur compte 22 ecclésiastiques, y compris les 15 présidents des provinces dont j'ai déjà parlé, sur 1,411 laïques. Le ministère des finances compte 3 ecclésiastiques sur 2,017 laïques. Le ministère de la police compte 2 ecclésiastiques sur 404 laïques.

« Le ministère des armes ne compte pas un seul ecclésiastique. Le ministère de la justice, en y comprenant les tribunaux supérieurs, qui sont de nature mixte, compte 59 ecclésiastiques sur 927 laïques. Ce chiffre de 59 ecclésiastiques se divise de la manière suivante : Ministère, 1 ecclésiastique, 18 laïques ; tribunal de la signature (cour de cassation), 9 ecclésiastiques, 9 laïques ; tribunal de la rote (cour supérieure en matière civile), 12 ecclésiastiques, 7 laïques ; tribunal civil, 3 ecclésiastiques, 116 laïques ; tribunal de la consulte (cour supérieure en matière criminelle), 14 ecclésiastiques, 37 laïques ; tribunal criminel, pas d'ecclésiastiques, 58 laïques ; tribunal de l'évêque, 9 ecclésiastiques, 17 laïques, tribunal de la chambre apostolique, 9 ecclésiastiques, 16 laïques ; tribunaux des provinces, première et deuxième instance, au civil et au criminel, 620 laïques, pas d'ecclésiastiques ; emplois divers, 1 ecclésiastique, 6 laïques. En résumé, le nombre total des ecclésiastiques employés à l'intérieur des États pontificaux ne s'élève pas au delà du chiffre minime de 98. » Et comme le nombre des employés laïques en activité ou en disponibilité est d'environ 8,500, la proportion en faveur des laïques est de plus de 80 pour un.

VIII

6° Selon l'auteur un peu inconsidéré de la *Note*, « L'habit ecclésiastique inspire encore un certain respect, qui aide à l'action du gouvernement. Le peuple n'accorde aucune déférence au fonctionnaire laïque, et lui pardonne beaucoup moins la supériorité de rang ou d'emploi qu'à un homme d'Eglise. C'est sans doute une contradiction, mais le fait est incontestable. »

IX

7° Un prêtre, il y a à peine quelques mois, affirmait (et c'était à la gloire du pontife) que Pie IX n'avait pas accompli une seule réforme, malgré tout ce qu'on avait dit. M. de Rayneval, est d'un avis bien différent. Après avoir fait une peinture assez sombre de l'administration romaine avant le Pape actuel, il trouve que, depuis le retour de Gaëte, le gouvernement temporel de l'Église est un modèle de gouvernement. Les Codes, qu'il a étudiés avec soin, « sont à l'abri de la critique. » Le code des hypothèques, examiné par des jurisconsultes français, lui a été « cité par eux comme un modèle. » Il y a un conseil des ministres, sous la présidence du secrétaire d'État, et les affaires sont soumises à l'épreuve de la discussion. Le plus grand respect pour l'indépendance du pouvoir judiciaire est proclamé et pratiqué. Un conseil d'État appelé à préparer les lois éclaire le gouvernement par l'examen préalable des projets préparés dans les ministères. Une consulte des finances, composée de membres désignés au choix du souverain par l'élection des corps municipaux, est spécialement appelée à surveiller l'emploi des deniers de l'État. Les comptes de l'État sont régulièrement publiés au commencement de chaque exercice, et par conséquent soumis au contrôle de la nation elle-même. L'organisation municipale a été l'objet d'une réforme si complète, les populations romaines ont été sous ce rapport dotées d'institutions si larges, que l'on est à se demander « s'il ne conviendrait pas de restreindre la latitude laissée au pouvoir municipal et d'étendre la tutelle de l'autorité gouvernementale. » Et cependant, « malgré les faits les plus avérés, il est maintenant reçu partout, et surtout en Angleterre, que le gouvernement pontifical n'a rien fait pour ses sujets, et s'est borné à perpétuer chez lui les errements d'un autre âge. » M. de Rayneval attribue ce résultat aux « calomnies permanentes de la *mauvaise presse* du Piémont et de la Belgique »; mais on a vu, au commencement de ce paragraphe, qu'un prêtre français s'est efforcé d'accréditer l'opinion dominante en Angleterre, et il n'avait pas choisi précisément pour publier ce travail ce que les ultramontains sont convenus d'appeler la *mauvaise presse*.

X

8° Sous le rapport économique, sans parler des autres bienfaits, dit encore M. de Rayneval, la banque romaine, fondation primitivement française qui répondait mal aux besoins du commerce, a été transformée, développée, et rend aujourd'hui les plus grands services. Le tarif des douanes a été révisé, les droits sur un grand nombre d'articles ont été abaissés. Des traités de poste et de commerce, sur les bases les plus larges, ont été conclus avec la France et d'autres États. Le système d'affermage des revenus indirects a été aboli. Le budget de l'État s'est rapproché graduellement de l'équilibre ; le déficit de 1857 est réduit à une somme insignifiante. En moyenne, le contribuable romain paie à l'État 22 fr.; le Français paie 45 fr. « La liste civile, le traitement des cardinaux, du corps diplomatique à l'étranger, des palais et musées pontificaux, ne coûtent pas à l'État, plus de 600,000 écus (3 millions 222,000 fr.). » En ce qui touche l'armée, « non seulement les troupes indigènes ont été recomposées et portées au taux de 12,000 hommes, mais un corps de

4,000 Suisses a été recruté à l'étranger ; de nouveaux régle-
ments, calqués sur les nôtres, ont été promulgués. »

XI

Les principes d'administration militaires adoptés par nos
troupes, termine l'ancien ambassadeur de France, ont été mis
en pratique. « L'aspect des soldats romains, à l'heure qu'il est,
attire l'éloge de tous ceux qui les contemplent. Si le gouvernement pouvait leur donner la fidélité et l'énergie, en même
temps que l'uniforme et le fusil, il serait parfaitement inutile
de recourir aux étrangers. » Malgré les ressources restreintes
du budget, l'agriculture, les travaux publics, l'industrie, le
commerce, les arts ont été et sont encouragés. Des routes
nombreuses ont été ouvertes, le port de Terracine a été
agrandi, on a tenté d'assainir les marais Pontins, on étudie la
question insoluble de l'assainissement et du repeuplement de
la campagne de Rome, on s'occupe de dessécher les marais
d'Ostie ; des viaducs d'une remarquable importance ont été
construits ; la navigation à vapeur a été établie sur le Tibre ;
Rome est éclairée au gaz ; les télégraphes électriques sont
introduits ; des concessions de chemins de fer ont été faites.
Quoique la charité privée s'exerce sur une échelle très large,
les établissements de charité publique sont nombreux et
puissants. D'importantes améliorations ont été introduites
dans l'administration des hôpitaux, des hospices, des prisons.
Enfin, il n'est pas un détail intéressant le bien-être moral ou
matériel des populations qui soit échappé à l'attention du
gouvernement, où il n'ait porté la main d'une manière favo-
rable. En vérité, *lorsque de certains personnages viennent dire au
gouvernement pontifical : « Ayez une administration qui ait pour
but le bien du peuple », le gouvernement pontifical devrait bien
répondre : « VOYEZ MES ACTES, ET CONDAMNEZ-LES SI VOUS OSEZ. »*

XII

L'éloge est complet, comme on voit, et le cardinal Antonelli lui-même ne l'aurait pas formulé en de meilleurs termes. Si quelque chose nous surprend, c'est que, lorsque M. le marquis de La Rochejaquelein a dit au Sénat que M. de Rayneval avait conseillé à Pie IX de ne point accorder de réformes à son peuple, malgré les réclamations de la France, l'antagoniste du prince Napoléon ait été l'objet de récriminations si violentes. Assurément il était naturel de conclure de la *Note* de notre ambassadeur à son gouvernement, que toute demande de changement à un système jugé parfait devait être inexorablement repoussée.

A la vérité l'auteur de l'écrit que nous venons d'examiner admet bien, à la fin de son dithyrambe, quelques imperfections dans le rouage pontifical ; mais il s'empresse d'ajouter que ces imperfections sont plutôt le fait de la faiblesse humaine que des vices du gouvernement. Aussi M. de Rayneval conclut-il que toute réforme, si minime fût-elle, serait bien plus dangereuse par ses conséquences probables qu'utile par ses résultats.

Tout le reste de la *Note* est du raisonnement.

XIII

C'est maintenant à nous de parler.

L'histoire de l'État romain nous montre, dans les siècles passés, les villes principales s'administrant elles-mêmes, réglant leurs impositions, ayant leurs lois propres, et jouissant de franchises spéciales. Ne serait-il pas plus exact d'attribuer le mécontentement des populations aux changements que la cour de Rome, dans un intérêt de caste, a fait subir, depuis

1815, à cet ordre de choses, qu'au caractère fantasque des Italiens.

L'auteur de la *Note* s'est-il d'ailleurs montré bien juste dans la peinture de ce caractère? Il ne veut pas ranger les Piémontais parmi les Italiens. Soit, malgré les avis contraires; mais les guerres de l'empire ont prouvé que plus d'une partie de la péninsule fournissait de bons soldats, et Napoléon, à Sainte-Hélène, n'a pas seulement immortalisé les Piémontais! Prenons un souvenir plus récent. Dans l'avant-dernière guerre de l'indépendance, qui doute que, sans la fatale allocution de Pie IX du 29 avril 1848, et le rappel des forces napolitaines, les Autrichiens auraient pour toujours été chassés de l'Italie? Les Piémontais n'étaient pourtant pas seuls à combattre, quoiqu'ils se soient personnellement acquis dans cette lutte une gloire éternelle. Ce n'est donc pas uniquement *à l'heure de la parade* que *les rangs* des Italiens *sont serrés ; à l'heure du danger*, les soldats trouvent des chefs et les chefs des soldats pour braver la mort.

XIV

M. de Rayneval, dans la classification des partis, semble reprocher aux classes moyennes leur désir de prendre part aux affaires publiques. Mais est-ce donc seulement dans les États du Pape que les classes moyennes ont cette louable ambition? Et n'est-il pas naturel que lorsqu'on participe aux charges, on veuille voir soi-même s'il n'y aurait pas moyen de les alléger? Un reproche plus grave serait que les classes moyennes n'auraient jamais formulé leur programme de gouvernement. Nous croyons qu'en ce point, comme en bien d'autres, l'auteur de la *Note* se trompe. Mais si un ambassadeur est obligé de savoir beaucoup de choses, il en est qu'il peut ignorer.

XV

Pour réfuter une partie des attaques dont le gouvernement papal a été l'objet, M. de Rayneval dit que le prêtre employé au civil n'a pas toujours le caractère sacerdotal ; ensuite que les prêtres, loin d'être en majorité dans l'administration, y sont en grande minorité ; enfin, que l'habit ecclésiastique impose beaucoup plus aux populations que l'habit laïque.

On peut répondre que la prélature n'est pas un élément laïque, ainsi que M. de Rayneval le prétend. Outre que le prélat doit avoir les ordres mineurs « le but de sa carrière est de devenir cardinal et même pape. » Si donc le prélat ne dit point la messe, il n'en a pas moins les idées, les intérêts, les passions de la caste sacerdotale. La meilleure preuve que la cour de Rome ne considère pas le prélat comme faisant partie de l'élément laïque, c'est qu'elle lui interdit d'avoir une famille, afin que son ambition et ses pensées soient exclusivement tournées vers l'Église et les avantages qu'elle assure. La différence avec le civil ne consiste donc pas seulement dans l'habit.

XVI

Quant aux proportions établies dans la *Note*, indépendamment de ce que ce n'est point par le nombre, mais par l'importance des emplois, qu'il faut juger de la part réservée aux prêtres et de celle qui est laissée aux laïques, on trouve dans l'*Almanach officiel*, publié à Rome, des différences très remarquables avec les chiffres de l'ambassadeur français.

Voici, d'après ce document, le tableau des emplois occupés par les ecclésiastiques.

1° Tous les ministères, même aujourd'hui celui des armes ; 2° les préfectures ou légations et délégations des provinces ; 3° les ambassades à l'étranger et toute la diplomatie ; 4° les charges principales de la cour (*maggiordomo, maestro di camera*, etc., etc.); 5° les tribunaux de la *sacra consulta, rota, segnatura di giustizia, il tribunale Lauretano*, et en partie le tribunal de la *R. C. A.* et le tribunal criminel; 6° la secrétairerie des *Brevi*; 7° la secrétairerie des *Memoriali*; 8° l'auditorat *santissimo*; 9° la Congrégation sacrée *degli studi*; 10° la présidence et la vice-présidence du conseil d'État; 11° la présidence et la vice-présidence de la *consulte* des finances; 12° la direction générale de la police; 13° la direction de la santé publique et des prisons; 14° la direction des archives; 15° la procuration générale du fisc; 16° la présidence et la secrétairerie du bureau du cadastre; 17° la présidence de la commission d'agriculture.

XVII

On ne doit pas oublier, comme le fait l'auteur de la *Note*, combien sont étendus la juridiction des évêques et le pouvoir de leur tribunal; la juridiction du saint-Office et des congrégations privilégiées; la direction de l'instruction publique et celle des établissements de bienfaisance confiées aux prêtres: le soin que prend la cour de Rome, toutes les fois qu'elle confie une mission temporaire à un laïque, de choisir un homme inepte et réactionnaire, afin de rehausser le crédit des prélats par voie de comparaison; l'attention non moins grande d'obliger les délégats laïques d'en référer à Rome pour les moindres détails, tandis qu'elle laisse aux délégats ecclésiastiques un certain pouvoir pour expédier les affaires, toutes choses ayant pour but de faire préférer les fonctionnaires ecclésiastiques aux fonctionnaires laïques.

XVIII

Sur le prestige de l'habit, nous n'avons rien à dire, si ce n'est que beaucoup de personnes qui ont parcouru l'État

romain ne sont pas de l'avis de notre ancien ambassadeur
près du saint-siége. Lorsque le fonctionnaire laïque est hon—
nête, il ne se trouve pas plus en butte à des attaques person-
nelles que le fonctionnaire ecclésiastique irréprochable dans
sa gestion. Et quand un ecclésiastique manque à ses devoirs,
son costume ni son caractère n'arrêtent le cri public.
Ajoutons que loin de s'en plaindre, on doit se féliciter de ce
résultat, car il serait malheureux que l'habit pût couvrir les
défauts, les vices ou les crimes de la personne.

XIX

L'admissibilité des laïques à tous les emplois, que préconise
M. de Rayneval, est une possibilité abstraite, qui n'a aucune
garantie d'exécution. Cela vient de ce que ce sont les prêtres
qui jugent du nombre et de la qualité des hommes qu'ils
voudront bien s'associer dans le gouvernement. Aussi, depuis
le retour de Gaëte, le nombre des laïques appelés au ministère
est-il allé toujours diminuant; en sorte qu'il n'y en a plus
un seul, même celui de la guerre. Au temps où l'on donnait
encore des portefeuilles aux laïques, il était si patent que
c'étaient des créatures des prêtres, ou l'on s'appliquait à les
choisir tellement incapables ou déconsidérés, que l'on ne
saurait trouver aujourd'hui, dit un sujet du pape (1) « un
homme qui se respecte et jouisse d'une position indépendante,
qui voulût accepter d'entrer au ministère. »

XX

Notre ancien ambassadeur est-il plus heureux dans la
partie de son mémoire qui touche à la législation de l'État

____

(1) Observations sur la note de M. de Rayneval. Broch. in-4°.

romain ? Laissons de côté les lois civiles et criminelles, publiées par Grégoire XVI, et que l'auteur de la *Note* range dans l'époque de *naguère*; oublions que, malgré le *motu proprio* de Portici, 12 septembre 1849, annonçant des réformes dans la législation, rien n'a été fait, sauf des modifications de détail dans quelques articles insignifiants de procédure ; mais les *Codes,* si fort vantés par M. de Rayneval qu'il les trouve *à l'abri de la critique,* où sont-ils et que sont-ils?

Des lois civiles embrouillées, et provenant de différentes sources ; le droit commun, le droit canon, les *motu poprii* des papes, les circulaires des secrétaires d'État, les décisions de la rote, pêle-mêle, et sans principe supérieur, sans aucun plan d'ensemble, sans aucune idée dominante qui dirige et vivifie, est-ce là ce que M. de Rayneval appelle un *code civil?*

Sans doute l'État pontifical a des codes ; mais on peut les considérer comme n'existant pas dans la plupart des cas pour lesquels ils ont été rédigés ; parce qu'ils s'appliquent rarement aux causes à juger.

On fera d'ailleurs observer que dans le *Code criminel* de **1832,** la peine de mort est établie pour 29 espèces de délits, tandis que dans les autres codes les plus rigoureux de l'Europe cette peine n'est édictée que pour 7 espèces de délits seulement, et avec cet avertissement préliminaire que pour l'appliquer, les juges, outre les preuves déterminées, doivent avoir l'intime conviction de la culpabilité du prévenu, et qu'ils ne doivent jamais infliger cette peine sur la seule preuve du concours de circonstances.

Que penser déjà de la législation criminelle de l'État papal?

XXI

Mais entrons dans quelques détails pour mieux faire sentir les vices de cette législation.

Et d'abord le lecteur ne sera point surpris qu'il y ait à Rome une excessive immoralité, laquelle exige divers lieux de punition pour les vagabonds, les oisifs, les débiteurs insolvables, les femmes perdues. Mais ce qu'il y a de plus déplorable que la nécessité de ces rigueurs, c'est que tous les prévenus entrent ou sortent suivant le caprice des magistrats ou supérieurs cléricaux, souvent plus immoraux qu'eux-mêmes, et sans que la justice ait aucune part à leurs décisions. Cela tient, suivant un observateur non passionné, à ce que Rome est remplie de prêtres occupant des emplois spirituels et plus souvent temporels, sans une vocation réelle d'accomplir leurs vœux d'obéissance, chasteté et pauvreté, et qui n'ont conséquemment aucun souci des bonnes mœurs des autres.

De là sont nés les actes illégaux, les lois étranges, les usages singuliers et anormaux qui rendent toujours plus vif le désir de faire cesser le gouvernement des prêtres.

En premier lieu, un individu qui en blesse un autre avec intention même de le tuer est seulement condamné à quelques mois de prison, ou au plus à quelques années. Mais celui qui décharge une arme à feu près d'un individu contre lequel il est supposé avoir de l'animosité, est condamné à mort sans qu'on exige la preuve que l'arme était chargée de manière à tuer, et sans qu'on ait reconnu les traces de la balle. De plus, si plusieurs individus se sont trouvés ensemble, et que l'un d'eux, ait déchargé une arme à feu, si le tireur n'est pas reconnu, et si l'on ne peut découvrir la cause de l'explosion, tous ceux qui composaient la réunion sont indistinctement condamnés à mort. Tergolina cite en preuve de cette monstruosité le fait suivant : « En 1850, à Fabriano, dans les » Marches, trois personnes, parmi lesquelles M. Cavalieri, no- » table de cette ville, furent publiquement envoyés au supplice » seulement parce que l'une d'elles avait déchargé une arque- » buse dans un lieu où passait un prêtre (1).

(1) Vincenzo di Tergolina : *quattro anni nelle Prigioni del S. Padre.* Torino, 1860. p. 50.

XXII

Mais voici des anomalies peut-être encore plus fortes, si l'on peut simplement nommer anomalies de semblables horreurs.

« D'après une loi de l'état romain, aucun individu au-des-
» sous de 20 ans ne peut être condamné à mort. Or, en plu-
» sieurs circonstances, un malheureux étant seulement ar-
» rivé à l'âge de 17 ans, le Pape, par un acte nommé de *grâce*,
» a décrété une adjonction de deux ou trois ans à la vie, et
» ainsi le condamné a subi sa punition ! »

« Des catholiques romains diront que le Pape ne peut ap-
» poser sa signature pour la condamnation à mort d'un
» homme. Cela est vrai, et le Pape ne le fait point. Mais
» quand une sentence de mort vient à lui être soumise pour
» l'approuver, il y met l'approbation requise en posant un
» ruban noir sur le papier exprimant la condamnation : ce
» qui équivaut à la signature pour la mort, et le préserve,
» au moins paraît-il le croire, de violer la loi prohibitive.
» Que s'il ne veut point approuver la sentence de mort, il
» pose sur le papier un ruban rouge, et l'exécution n'a pas
» lieu (1). »

Nous laissons le lecteur porter lui-même son jugement sur ce procédé du Saint-Père, ne voulant pas suivre notre autorité dans les réflexions que lui suggère une telle manière d'entendre la loi !

XXIII

Suivant cette interprétation élastique d'un texte absolu dans ses termes, c'est le ruban noir et non le ruban rouge

---

(1) Vincenzo di Tergolina : *Quattro anni nelle Prigioni del S. Padre.* 1 vol, in-12. Torino, 1860, p. 51 et 55.

que le pape aura apposé sur la sentence rendue contre le malheureux Locatelli. La mort de cette victime d'un pouvoir inhumain fait trop de bruit en ce moment pour que nous puissions nous dispenser de dire un mot et du tribunal qui l'a jugé et de sa criminelle erreur.

Les inculpés politiques, les accusés d'offense contre l'État, les prétendus coupables envers des fonctionnaires publics, sont tous jugés par un seul tribunal, qui se nomme la Sacrée Consulte. Celle-ci est le Tribunal suprême de tout l'État romain en toute matière, et c'est celui dans lequel domine la plus scandaleuse injustice, spécialement en matière politique, sur laquelle il juge sans appel ; tandis que pour les autres matières, c'est le tribunal auquel on recourt en appel des tribunaux inférieurs.

Les formes de ce tribunal, si mal à propos nommé *sacré*, n'offrent aucune des garanties que la saine justice réclame. Il est composé de six *monsignori* qui vêtent le costume complet de la prélature, lequel leur donne presque le caractère d'évêques. Un de ces monsignori préside le tribunal. Un autre remplit le rôle de protecteur de la loi, ou procurateur fiscal, fonctions qui l'inclinent toujours à la rigueur. Les juges, si on peut leur donner ce nom, sont assis sur un plan élevé de quatre degrés, et ils ont devant eux, sur une grande table, la croix avec l'image sculptée de Jésus crucifié. Au moment de juger le prévenu, ils élèvent une prière à Dieu, puis ils jugent en invoquant son saint nom. L'accusé est placé devant eux gardé par un carabinier, et il a son avocat, qui doit être un de ceux antérieurement désignés par la sacrée Consulte elle-même. Ce simulacre de défenseur ou ne parle point, ou fait à peine une recommandation de clémence, ou dit ce qui tourne plutôt au préjudice qu'à l'avantage de son client. Il appartient d'ailleurs à la classe des avocats les moins hardis et les moins instruits.

L'imputé est interrogé sur ses nom, prénoms, qualités,

lieu de naissance, et autres circonstances de moins de valeur; mais jamais on ne lui fait connaître les points principaux de l'accusation. Il résulte de ce silence ou que le prévenu se considère comme innocent de toute faute aux yeux de la loi, ou qu'il n'a pas l'occasion de se défendre. Après cette comparution dérisoire, l'accusé est renvoyé en prison. Au bout de quelques jours, ou de quelques semaines, souvent d'un, deux, trois, quatre, six mois, et même un an, l'infortuné voit arriver un huissier qui lui fait connaître son destin, au moyen d'une sentence écrite, irrévocable et sans appel. L'arrêt ne porte aucun motif de la condamnation; mais en revanche, on lit en tête : « Sacrée Consulte. » — « Les prières habituelles adressées au Très-Haut. » — « Le saint nom de Dieu invoqué ! » ... Suit l'inique décision.

XXIV

C'est dans ces conditions et avec cette absence absolue de garanties, que le malheureux Locatelli a été jugé et condamné à mort. D'après un bruit généralement répandu, l'ironie serait venue s'ajouter à l'injustice : La sacrée consulte aurait recommandé la victime à la clémence du Pape ! Mais à la clémence de qui recommandera-t-on ses bourreaux ? Voici ce que je lis dans les journaux au moment même où je rédige le présent écrit :

Turin, 26 septembre 1861.

« *La Nazione* de Florence, annonce que Jacques de Cas-
» trucci, émigré romain, s'est présenté devant le procureur
» du roi à Florence, s'avouant l'auteur de l'homicide commis
» sur le gendarme pontifical, le 29 juin, dans une rixe. Cette
» déclaration avait pour objet d'empêcher l'exécution de Lo-

» catelli. La nouvelle en est arrivée trop tard à Rome. *Loca-*
» *telli avait déjà été exécuté* (1). »

Ainsi un tribunal dit sacré a condamné à mort un innocent, et la justice romaine l'a fait exécuter sans miséricorde !

Voilà le gouvernement dont M. de Rayneval vante l'équité !

Pour terminer ce douloureux épisode, j'emprunte à une correspondance de Rome quelques détails relatifs au supplice du malheureux Locatelli.

Le coupable, écrit-on à un journal de Paris, « n'a pas » voulu se confesser. Comme on voulait obtenir sa confession, » l'exécution a été retardée d'une demi-heure ; pendant cette » demi-heure, il n'a cessé de prononcer les paroles les plus » violentes contre le gouvernement. Il y avait relativement » peu de monde et presque pas de femmes. Le patient était » fort pâle, mais calme et d'une énergie qui m'a frappé. Avant » de monter sur l'échafaud, il s'est retourné vers les gen- » darmes et a dit : « Je vais vous montrer comment on meurt ! » » A sept heures et demie précises, la tête était tranchée. Le » bourreau l'a prise par les cheveux et l'a montrée au peuple. » Après quoi, le cadavre a été lié à une échelle, la tête entre » les jambes, signe qu'il n'avait pas voulu se confesser. Il est » faux que la consulte eût proposé au pape de faire grâce à » cet homme. Cette exécution, malgré le crime d'assassinat, » produit de l'exaspération, parce qu'elle a un caractère poli- » litique, que le coup de couteau a été donné dans la foule » sans préméditation, et enfin, parce que les débats du procès » sont restés inconnus (2). »

D'après le *Pungolo* de Milan, Castrucci, le vrai meur-trier du gendarme pontifical, s'est de lui-même constitué prisonnier, et *la Nazione*, de Florence, ajoute qu'il a été incar-céré à la prison della Muretta.

(1) *Siècle* du 27 septembre 1861.
(2) Le *Temps*, 27 septembre 1861.

On a même conservé son premier interrogatoire, et voici ce qui en résulte.

« Castrucci habite Rome depuis plusieurs années; il y exerce la profession de mosaïste. Dans la soirée du 29 juin, il criait comme tout le monde : Vive l'Italie ! Vive Victor-Emmanuel ! lorsqu'il se sentit tout à coup pris à bras le corps par deux gendarmes et frappé sur la tête avec la crosse d'un pistolet. Il portait un stylet dans la poche gauche de son habit. Se voyant en danger de vie, il s'en saisit, frappa mortellement un des gendarmes, s'enfuit et trouva asile dans une maison voisine.

Castrucci est resté à Rome jusqu'au 11 septembre dernier. A cette époque, il se décida à venir à Florence. Locatelli était déjà condamné à mort, et son intention en quittant Rome, était de se déclarer le véritable meurtrier du gendarme pontifical, afin de sauver la vie à Locatelli.

Ce n'est toutefois qu'à Florence que Castrucci écrivit à Morcy-Matteucci qu'il était le seul coupable. La lettre serait partie pour Rome le 14 septembre, et par conséquent elle serait arrivée à temps pour faire au moins surseoir à l'exécution de Locatelli.

On cherche en ce moment à établir que Castrucci a véritablement écrit à Rome en temps utile, et que, de son côté, le procureur du roi a avisé les autorités romaines de la déposition de Castrucci assez à temps pour faire surseoir à l'exécution.

Quant au malheureux Locatelli, il est mort en criant : Vive l'Italie ! La police romaine qui n'aime pas le bruit et la lumière, est dans l'usage de mêler aux derniers aliments du condamné certaines drogues qui produisent un anéantissement complet chez le patient. Cette coutume n'est ignorée de personne. Locatelli avait refusé toute espèce d'aliment et conservé son énergie jusqu'au dernier moment. Il voulut, arrivé aux dernières marches de l'échafaud, parler au peuple, mais un roulement de tambours couvrit sa voix (1). »

XXV

Tous ces faits étaient déjà connus, lorsqu'on a pu avoir, enfin, l'interrogatoire de la victime. Pour l'édification des hommes qui seraient encore tentés de défendré le gouvernement papal, je reproduis également ce douloureux épisode. Voici ce qu'on écrit à un journal de Paris :

Turin, le 19 octobre 1861.

« On s'est procuré une copie du procès Locatelli. Sans entrer dans des détails qui dépasseraient le cadre de cette lettre, il importe qu'on sache sommairement sur quels témoignages on condamne un homme à mort dans la ville éternelle.

» Les témoins sont : *dix gendarmes pontificaux*, la plupart juges dans leur propre cause, car tous ont eu à se défendre dans la mêlée, qui était devenue générale ; trois soldats français, et un soldat pontifical, Suisse d'origine.

» Ce qui frappe tout d'abord, c'est que le nom des témoins, dans le compte-rendu officiel des débats, est indiqué par des initiales, comme si témoigner d'un fait était une honte, comme si, dit un journal, les juges avaient voulu soustraire les témoins à l'infamie.

» L'acte d'accusation porte que le crime a été commis « dans l'ardeur d'une émeute populaire, au milieu d'une » foule nombreuse et compacte.

» Les gendarmes furent obligés de rétrograder devant la » foule qui les entourait, se trouvant *serrés de si près* qu'ils » couraient risque d'être massacrés. Survint alors une mêlée » sérieuse dans laquelle il y eut de part et d'autre des blessés.

(1) *Siècle* du 3 octobre 1861.

» Le *pauvre* César Locatelli fut blessé. Les gendarmes res-
» tèrent entourés par les insurgés. La foule ne nous permet-
» tait pas de nous porter secours. Plusieurs gendarmes étaient
» entourés par la foule. J'employai plusieurs instants à
» résister à la foule qui grossissait toujours. A cause de la
» foule, il m'est impossible de bien décrire toutes les cir-
» constances. »

» Telles sont, sans variantes et littéralement, les déposi-
sitions des gendarmes pontificaux ; ce qui suffit à établir
d'une manière incontestable que le meurtre a eu lieu dans
une mêlée générale.

» Maintenant, ce qu'il ne faut pas oublier, c'est que tout
ceci s'est passé à dix heures du soir, la lune étant à son
dernier quartier. Comment reconnaître à une telle heure,
dans une semblable mêlée, la stature, le visage, la barbe, le
vêtement d'un individu ?

» Ecoutez maintenant les témoins :

» 1er témoin : Le meurtrier était un jeune homme de *haute*
stature, sec, portant un pantalon blanc.

» 2e témoin : Le meurtrier était un homme de *moyenne taille,
plutôt replet* (piuttosto pieno).

» 3e témoin : *Homme de moyenne stature, plutôt gras* (piuttosto traccagnotto).

» Comment concilier toutes ces déclarations ?

» Voici ce qui est plus extraordinaire. Locatelli est arrêté ;
on le conduit au poste voisin, on le fouille, et l'on trouve dans
sa poche... *un couteau fermé !*

» Voici les dépositions d'un gendarme, qui semblent bien
extraordinaires : « Le couteau du meurtrier étant tombé par
» terre, le gendarme Z... le ramassa. »

» Le gendarme Z... se charge de disculper Locatelli. Voici
sa déposition littérale :

« Je ne pourrais rien dire touchant la lutte (*coullutazione*),
» qui survint entre les gendarmes et l'assassin. *Seulement,*

» *ayant vu un couteau à terre, je le ramassai.* La confusion au
» milieu de laquelle je me trouvais était si grande, que je ne
» pourrais rien dire de plus. Seulement, je puis affirmer
» avoir vu Velutti tomber sur les marches, et l'homme, *que*
» *j'ai su depuis* s'appeler César Locatelli, était à quatre ou
» cinq pas vers le haut de la rue. *Les gendarmes dirent* que ce
» couteau était tombé des mains de cet homme pendant qu'on
» l'arrêtait. »

    » Voici maintenant la déclaration de Locatelli :

    » Après avoir débouché dans le Corso, et ayant à peine
» fait quelques pas vers Monte-Citorio, je reçus un coup
» de sabre sur la tête qui me jeta par terre. C'est alors
» que, me voyant terrassé par les coups dont m'accablaient
» les gendarmes pontificaux, j'eus le bonheur d'apercevoir
» plusieurs gendarmes français ; je me jetai dans leurs bras
» afin qu'ils me secourussent et me conduisissent en quelque
» endroit pour faire panser ma blessure ; mais, comme tout
» tournait alors contre moi, un des soldats français, me
» voyant accourir vers lui et pris de peur, me donna un
» coup de baïonnette dans le ventre, après quoi je fus arrêté
» et conduit au commandant de place. »

    » Ces paroles ne sont aucunement contredites par les
paroles des soldats français. *Aucun d'eux* ne déclare avoir vu
Locatelli s'avancer armé vers eux. Tous semblaient si éloi-
gnés de le prendre pour le meurtrier, que l'un des soldats
dépose ainsi :

    » Pendant qu'on le conduisait à la place, Locatelli déclara
» souffrir beaucoup ; alors je ne pus m'empêcher de lui dire
» que s'il avait été chez lui ou à ses affaires, cela ne serait pas
» arrivé. A quoi Locatelli ne répondit que : «Oh monsieur! »

    » Un rapport des plus importants, dont on n'a tenu aucun
compte, c'est celui de l'officier français qui commandait le
poste où fut consigné Locatelli. Il constate que Locatelli était
ivre. Cet état d'ivresse ne fut pas admis, *parce qu'il n'était*

*prouvé par aucun autre témoignage, et pas même allégué par l'in-
culpé.*

» Locatelli n'en fut pas moins condamné comme convaincu *d'homicide commis par esprit de parti et de propos délibéré.*

» J'ai résumé avec impartialité les témoignages les plus importants ; il n'est pas un homme sensé qui, en lisant les principales dépositions des témoins, ne déclare que cette condamnation est monstrueuse. Mais à Rome, tout se passe en famille ; on a horreur de la publicité. On juge tout à huis clos, les témoins sont appelés en secret, interrogés séparément, ils ne sont confrontés ni entre eux ni avec l'accusé.

» Quand Mgr Sagretti, président de la sacrée consulte, présenta la sentence de mort à Pie IX, il lui adressa les paroles suivantes :

« Sainteté, voici la sentence de mort contre Locatelli. Je
» crois remplir un devoir de conscience de lui faire observer
» que le crime a été commis la nuit, au milieu de la foule,
» que les témoins pourraient bien s'être trompés ou avoir mal
» vu ; et qu'en conséquence, ce serait le cas d'exercer une
» clémence qui pourrait nous délivrer du danger de commet-
» tre une grande injustice. »

» Pour toute réponse, le pape ordonna de dresser l'échafaud. » (1)

XXVI

Si M. de Reyneval vivait encore, persisterait-il à dire, après de tels faits, que la législation criminelle de l'État papal est un modèle ? Ce diplomate est-il plus heureux dans ses allégations sur le *Code de commerce* ? Relativement à celui-ci, nous ne ferons qu'une observation. Établi provisoirement en 1816,

(1) La *Presse* du 22 octobre 1861.

il est encore en vigueur aujourd'hui. Ne relevons point ce
provisoire qui dure depuis plus de quarante ans ; mais croit-
on que depuis 1816 le commerce n'ait pas subi de telles modifications qu'une refonte presque totale serait nécessaire ?
Combien d'articles ont été changés, refondus ou remplacés
chez les autres nations, par suite des progrès accomplis !

Le système hypothécaire est bien sans doute, quoiqu'il ne
soit pas un *modèle*. Et d'ailleurs M. de Rayneval a-t-il dit
aux juriconsultes français qui le citaient comme tel, que les
déclarations, les interprétations du secrétaire d'État ayant
force de loi, il suffit d'une décision de ce fonctionnaire pour
rendre nulles des prescriptions codifiées : par exemple, les
hypothèques d'éviction ne devaient durer que trente ans ;
mais une circulaire a prolongé leur vie, et l'on continue tout
bonnement le renouvellement de ces inscriptions comme si
la loi n'avait pas existé.

XXVII

Relativement aux *ministères*, nous admettons qu'ils sont
parfaitement distincts les uns des autres, mais non, comme le prétend M. de Rayneval, qu'ils soient *égaux en autorité*. En réalité, il n'y a qu'un seul ministre, dont tous les autres sont des
agents subalternes. En voulez-vous la preuve ? Prenez la loi
du 10 septembre 1850. Voyez la dictature du cardinal-secré-
taire d'État. Le ministre de l'intérieur ne tient pas la correspondance avec les gouverneurs des provinces (légats) ; c'est
par l'intermédiaire du cardinal qu'il communique avec eux.
Tout ce qui a rapport à la législation est promulgué par le
cardinal. Les tribunaux suprêmes, la rota, la signature, etc.,
dépendent de lui, et non du ministre de grâce et justice.
La formation du cadastre est sous sa direction ; c'est lui qui
commande à la gendarmerie. Enfin, tous les ministres sont
obligés de porter au conseil les affaires les plus importantes ;
lui seul agit librement et avec une entière indépendance.

Il semble donc que M. de Rayneval aurait pu mettre au
présent ce qu'il a mis au passé, quand il a dit, pour faire
gloire à Pie IX d'avoir changé cet ordre de choses : « Le car-
» dinal secrétaire d'Etat, premier ministre dans toute la force
» du terme, concentrait entre ses mains tous les pouvoirs.
» Sous sa direction suprême, les différentes branches de
» l'administration étaient confiées à des commis plutôt qu'à
» des ministres. »

XXVIII

Est-il bien certain que *le plus grand respect pour l'indépendance du pouvoir judiciaire ait été proclamé* et *soit pratiqué* ? On
pourrait répondre à M. de Rayneval qu'on ne connaît aucune
loi de promulgation, et, quant à la pratique, l'on a vu des
commissions extraordinaires de censure prononcer dans
l'ombre la destitution de magistrats très honnêtes, non seulement sans procès, mais sans aucun motif apparent, et sur
le simple soupçon d'opinions libérales.

Un ancien magistrat de Venise qui a fait un long séjour à
Rome, dit que si l'on doit tenir pour principes essentiels sur
tous autres la justice, l'ordre, l'humanité, le gouvernement
papal est le pire des gouvernements ; car on n'y voit que la
licence, le despotisme, et l'arbitraire. « Là, comme partout
» où les séides et les fauteurs du pouvoir ont une existence et
» une influence, dominent la partialité, le désordre, et l'égoïsme
» accompagné de la plus dégoûtante immoralité. »

Afin de se mieux expliquer, le magistrat dont nous parlons
affirme avoir observé que, à cause de la partialité qui règne
à Rome, le peuple y est encouragé à commettre toutes
sortes de délits, parce que les coupables comptent sur des
faveurs. De son temps, assez voisin du nôtre (1854), il y avait
dans les cachots pontificaux plus de 10,000 prisonniers, spécialement pour assassinats, rapines, violences, vols et autres

crimes semblables, en continuelle espérance de protection, de libération et de grâce, « ou par l'intervention de per- » sonnes puissantes, ou par des relations de parenté, ou par » argent, ou par de *saintes* associations, ou par d'autres » moyens qu'on rougirait d'écrire. » Et toute proportion d'habitants gardée, il y avait dans les États pontificaux trois fois plus de prisonniers qu'en France, quoiqu'il y eût aussi trois fois plus de carabiniers ou gendarmes, et de délateurs (1).

XXIX

Pour prouver le désordre judiciaire des États du Pape, il suffirait de rappeler le nombre immense de lois diverses, de priviléges différents de for et de personnes, et cette grande quantité de tribunaux qui rendent tour à tour les plus absurdes jugements, très souvent contradictoires. Dans Rome seulement, les tribunaux sont au nombre de 24, et il y en avait 72 avant la république de 1849. En outre, chaque cardinal, évêque, curé, et général d'ordre religieux, tout prélat même a un tribunal qui lui est propre. De plus, divers tribunaux en matière civile servent d'appel à l'égard des autres; en sorte qu'on peut appeler un nombre infini de fois. Tergolina déclare avoir connu personnellement un plaideur qui avait eu recours trente-cinq fois à l'appel. Il fut, à la fin, forcé de terminer la cause par une convention avec son adversaire, pour mettre un terme définitif au litige et ne pas ajouter d'avantage à des dépenses énormes.

Dans les causes criminelles ou de police, généralement il n'y a point d'appel, sinon pour celles qui sont d'une nature grave, auquel cas on appelle en seconde instance.

(1) Vencenzo di Tergolina : *Guattro anni nelle prigioni del S. Padre.* 1 vol. in-12, pag. 46-47.

On ne doit pas oublier non plus de faire remarquer qu'il y a les offices du vicairiat apostolique, et le tribunal de la sainte inquisition, lesquels, contre les principes de l'Eglise romaine elle-même, font usage de leur libre arbitre, abusant sans appel de leur autorité de la manière la plus abominable et la plus atroce.

XXX

Le conseil d'État romain est-il vraiment digne de ce nom, et mérite-t-il par ses travaux l'enthousiasme que professe pour lui M. de Rayneval ? Depuis douze ans qu'il existe, ce conseil n'a guère donné signe de vie, si ce n'est par quelques décisions sur le contentieux administratif. Où sont, pourrait-on demander, les *lois* qu'a *préparées* le conseil d'État ? Quels sont *les projets préparés dans les ministères*, sur lesquels le conseil d'État a *éclairé le gouvernement par un examen préalable ?*

XXXI

Pour la *consulte des finances*, le *motu proprio* de Portici promettait que les *consulteurs* seraient en *proportion* de l'étendue et de la population des provinces, et non, comme la chose a eu lieu, en raison d'un par province, *quelles que soient son étendue et sa population*. Sous le bénéfice de cette observation, on reconnaîtra volontiers que l'obligation pour le souverain de fixer son choix entre quatre noms qui lui sont présentés pour chaque consulteur à élire, est une garantie pour les contribuables. Mais l'avantage se trouve un peu diminué par le droit que s'est réservé le Pape d'ajouter encore d'autres consulteurs qu'il nomme directement, et qu'il prend presque toujours, selon la loi, parmi les *chierici di camera.*

XXXII

Aussi qu'est-il arrivé ? Depuis huit ans que la *consulte* fonctionne, un seul des exercices, celui de 1851, a été soumis à la révision. Si des consulteurs se sont plaints, d'autres n'ont rien dit, et la chose en est restée là. Ce n'a pas été le seul abus qu'ont rendu possible les nominations directes. Contre le vote explicite de la consulte, le gouvernement a imposé de nouvelles taxes sur la propriété, des charges extraordinaires sur les communes, élevé les droits d'enregistrement. De nouveaux emprunts, la création de nouvelles routes, des aliénations de biens du domaine ne lui ont pas été soumis. A des mesures que proposait la consulte pour le rétablissement des finances, on a répondu par un *dilata*, ce qui à Rome est une fin de non recevoir.

XXXIII

En lisant dans la *Note* de M. de Rayneval : « Pour la » première fois les comptes de l'État ont été régulièrement » publiés au commencement de chaque exercice, et par » conséquent soumis au contrôle de la nation elle-même », nous avions cru que ces comptes étaient tellement publics que le premier citoyen venu pouvait les contrôler, et nous louions fort une initiative digne d'être imitée par tous les gouvernements. Mais le sujet du Pape déjà cité, qui a présenté des *Observations* à la *Note* de M. de Rayneval, a un peu refroidi notre enthousiasme. « Ces comptes », dit-il, « on les a imprimés à un nombre très restreint d'exemplaires, qui ont été distribués sous toute réserve. Hormis donc une trentaine de privilégiés, la nation n'a rien vu ni rien su des comptes de l'État. Ajoutez que les chiffres sont portés en bloc aux différentes divisions des ministères ; en sorte qu'il est impossible de se former aucune idée du détail des recettes et des dépenses.

Somme toute, il paraîtrait que l'État romain est moins explicite pour le compte-rendu des finances que ne le sont les

États constitutionnels, tandis que notre ancien ambassadeur semblait dire, ou plutôt disait, que le pape provoquait un examen qu'aucun autre souverain n'avait encore provoqué.

XXXIV

Mais là où éclate surtout, suivant M. de Rayneval, le libéralisme du pontife, c'est dans ce qui concerne les *conseils municipaux*. On a une large et *libre* élection. La *latitude* laissée aux municipalités est telle, *qu'on est à se demander s'il ne conviendrait pas de la restreindre*, pour étendre la *tutelle du gouvernement*.

Or, voici à quoi se réduit cette *latitude* tant vantée. Si la loi du 24 novembre 1850 admet le principe électif, le nombre des électeurs est restreint à six fois le nombre des conseillers à élire. En outre, cette même loi requiert de chaque électeur *un certificat de bonne conduite* religieuse et politique, et le suffrage est entouré de tant de précautions, qu'il serait impossible d'en déduire l'expression du vœu populaire. Déjà la liberté du pape nous paraîtrait être un peu beaucoup la liberté de Beaumarchais. Mais le pis est que les restrictions ont encore paru insuffisantes, et que, libre ou esclave, le suffrage ne s'exerce point. La loi dit *oui*, une circulaire secrète dit *non*, et la circulaire détruit la loi ; *depuis dix ans, aucune espèce d'élection n'a eu lieu*. Quant à la question s'il ne serait pas nécessaire d'étendre la *tutelle du gouvernement*, il est peu probable que ce soit le gouvernement qui se la pose, car non seulement il s'est réservé, dans un article très clair de la loi, « la révision et l'approbation de toutes les dépenses votées par les communes », mais on voit tous les jours les délégats casser leurs arrêts et modifier leur budget.

XXXV

M. de Rayneval loue beaucoup la *clémence* de Pie IX, toujours prompt à oublier les griefs, et il pensait que de son temps le nombre des exilés n'atteignait pas une centaine.

Si le lecteur connaît nos brochures précédentes, il sait déjà ce qu'il faut penser de la *clémence* du Pape. Mais répondons pour l'époque où l'auteur de la *Note* était à Rome. Une statistique non suspecte le *Vittorie della Chiesa, del sacerdote Margotti*, 1857, réfute par des chiffres l'assertion de notre ancien ambassadeur. Voici ce qu'on y trouve : « Individus » exclus de l'amnistie de 1849, total 283, dont 262 sujets » pontificaux. Depuis 1849, le Pape a fait grâce à 59 indivi- » dus : les exilés restant, 224. »

Ajoutons à ce renseignement précis, que la plupart des grâces sont conditionnelles, c'est-à-dire accordées pour six mois ou pour un an, sous la surveillance de la police, et avec défense aux individus d'exercer leur profession respective.

Pourquoi aussi M. de Rayneval a-t-il passé sous silence la *Commission d'épuration*, dont les membres étaient inconnus dans les provinces, et qui jugeaient et condamnaient dans l'obscurité la plus complète? les jugements *economici* de la police, qui a le pouvoir d'emprisonner et d'exiler sans procès? l'obligation où l'on était souvent de signer, à peine de prison, une déclaration d'expatriation quand on réclamait un passe-port pour les États sardes (1)?

Et la loi que s'arroge la *sacra consulta*, dans les procès politiques, de ne pas faire connaître les témoins à charge, et de ne pas laisser à l'accusé le choix du défenseur! et le nombre des prisonniers d'État, qui était, suivant la statistique citée, de 338! et les Autrichiens jugeant par cours martiales dans les provinces Adriatiques, à l'époque où écrivait M. de Rayneval, et condamnant et exécutant pour délits politiques, en vertu de

____

(1) Cette rigueur monstrueuse, on le sait par des exemples tout récents, continue d'être exercée par un grand nombre de personnes qui veulent se rendre dans le royaume d'Itali .

l'état de siège ! et le procès de Ferrare, en 1853 ! Tout cela méritait-il des éloges ?

XXXVI

Un passage qui n'a pas moins lieu de surprendre dans la *Note* de M. de Rayneval, c'est lorsque, établissant des moyennes pour la France et l'État pontifical, il conclut au bonheur du contribuable romain, puisqu'il ne paie à l'État que 22 fr., tandis que le Français paie 45 fr. M. de Rayneval, qui reprochait aux Romains d'*ignorer les premiers éléments de l'économie politique*, aurait bien dû lui-même l'étudier un peu. Ici nous voulons qu'un ancien ambassadeur à Rome relève la singulière erreur où est tombé un ancien ambassadeur à Rome. Précisément à propos des États de l'Église, M. Rossi disait que rien n'est absurde comme de prendre un chiffre fixe et absolu pour étalon de l'impôt dans les divers États. « C'est seulement », ajoutait-il, « en comparant les charges à » la richesse publique, et la portion prélevée par le gouver- » nement à la production en général, qu'on peut évaluer un » système d'impositions. En effet, *il est bien plus équitable de* » *demander deux à qui produit vingt, que de demander un à qui* » *ne produit que cinq.* »

XXXVII

Cette question vidée, trouve-t-on que l'emploi du budget soit bien rationnel ? Sur treize millions de dépenses, cinq millions sont absorbés par la dette publique, deux millions par la bureaucratie, six cent mille écus par les prisons, deux millions par l'armée, tandis qu'on n'affecte aux travaux publics que cinq cent mille écus, quatre-vingt mille à l'instruction publique, et quatre cent mille à l'administration de la justice.

Sans parler de la triste part faite à l'instruction publique, l'exiguïté de la somme allouée aux travaux publics est doublement à regretter. D'abord une portion considérable des dépenses est consacrée à la réparation des églises et des monastères, ce qui diminue d'autant les allocations qui seraient nécessaires pour des œuvres d'une utilité reconnue ; ensuite, presque tous les travaux publics sont exécutés à Rome et dans les provinces environnantes.

En ce qui touche l'*encouragement à l'agriculture*, on fera observer que des primes données pour des plantations de 100 sapins, de 965 orangers ou citronniers, et autres entreprises de cette valeur, sont des puérilités; mais que, en un sens contraire, le chanvre frappé d'un droit d'exportation, dans un intérêt purement fiscal, est une mesure fort grave.

XXXVIII

Vainement M. de Rayneval a-t-il interrogé ceux qui venaient lui dénoncer les abus du gouvernement, il n'a jamais pu, dit-il, découvrir en quoi ces abus consistaient. M. l'ambassadeur aurait bien dû parcourir les actes de la première consulte, et notamment le rapport sur la dette publique, rédigé par le neveu même du Pape. Il aurait pu là, non pas glaner, mais récolter à pleines mains.

XXXIX

M. de Rayneval n'est pas plus heureux quand, pour expliquer certaines irrégularités, qu'il est forcé d'avouer, il les impute au caractère des populations, et semble triompher par ces mots : « Le gouvernement romain est un gouvernement de Romains. » C'est tout le contraire qu'il eût fallu dire. Le gouvernement romain est un gouvernement de prêtres de tous les pays catholiques. Pendant dix ans, un Génois a été secrétaire d'État; des Siciliens, des Lombards, des Toscans sont légats ou délégats dans les provinces ; dans les tribunaux supérieurs, il y a des Espagnols, des Français, des Allemands. Tous ces ecclésiastiques peuvent être d'excellents théologiens ; l'esprit de caste a eu sans doute de très bons motifs pour les faire admettre ; il est possible que dans les affaires de l'Église, leurs lumières soient utiles au Saint-Siége ; mais est-il certain qu'ils connaissent assez les mœurs et les besoins du pays pour le gouverner convenablement ?

XL

M. de Rayneval *a regardé de très près le régime judiciaire. Il lui a été impossible de découvrir aucun grief sérieux.* Nous allons lui en indiquer qui méritent d'être pris en considération. En France, pour trente-six millions d'habitants, on comptait en tout, avant l'annexion de Nice et de la Savoie, 80 diocèses. Dans les États pontificaux, sur une population de trois millions d'âmes, il y avait, avant les conquêtes du Piémont, 67 diocèses. Or, chaque diocèse a un tribunal épiscopal, et l'on trouve que c'est beaucoup trop. Est-ce seulement le nombre de tribunaux que l'on condamne ? on se plaint d'autre chose. Le tribunal épiscopal, composé d'un seul juge, qui est le vicaire, connaît des matières civiles et criminelles, *quelle que soit leur gravité,* toutes les fois que la personne ou les biens des prêtres, des congrégations religieuses, et des institutions de bienfaisance sont en cause. Les clercs mariés sont aussi exemptés de la juridiction ordinaire. Après ce tribunal viennent ceux du saint-office ; la *sacra rota,* qui est une espèce de cour d'appel en troisième ressort ; la *segnatura,* analogue aux cours de cassation. Chacune de ces cours a cependant des priviléges, des attributions, et une procédure particulières. Viennent ensuite : la *sacra consulta,* qui juge les crimes politiques ; le tribunal *lauretano*, celui des évêques et réguliers, celui de la *fabbrica di San-Pietro*, etc., etc. Enfin, tout compris, on en compte, avons-nous dit, plus de vingt à Rome, sans parler des tribunaux ordinaires de première instance et d'appel dans les provinces.

Il est évident qu'une telle multiplicité de juridictions et de tribunaux est complétement opposée à une bonne et prompte administration de la justice. Nous l'avons déjà remarqué.

XLI

Les laïques qui suivent la carrière judiciaire ne sont guère moins à plaindre que ceux qui ont affaire aux tribunaux. Les cours d'appel sont les colonnes d'Hercule pour un magistrat séculier ; il ne peut aller au delà. Et combien y a-t-il de cours d'appel dans l'État romain ? Deux. Et de combien de juges une cour d'appel est-elle composée ? De sept. Voilà donc, sur une population de près de trois millions d'âmes, quatorze places réservées aux laïques pour le plus haut degré d'avancement. Tous les tribunaux supérieurs sont composés de prélats. Un pareil système semble fort réjouir M. de Rayneval, parce que « c'est au fond dans les tribunaux que se trouve » la pépinière des prélats romains ; c'est là qu'ils font leur » apprentissage et préparent leur carrière. » On ne conteste nullement que la combinaison ne soit très avantageuse aux prélats ; mais les sujets romains y puisent un des griefs les plus sérieux contre le gouvernement romain.

On trouve encore que des juges suppléants payés à la tâche, et des employés subalternes de la loterie, (car la loterie existe dans ce bienhéureux État romain), mieux rétribués qu'un président de cour d'appel, ne sont pas des moyens propres à faire considérer la magistrature romaine.

XLII

« Au criminel », dit M. de Rayneval, « la justice est ad-
» ministrée d'une manière inattaquable. » Ne revenons point
sur les faits que j'ai signalés ailleurs (1), à propos de Vincent
de Tergolina. M. de Rayneval trouvait-il inattaquable la sentence qui condamnait une femme (1851) à recevoir vingt
coups de fouet, pour avoir empêché un fumeur d'allumer son
cigare ? Et ce passage d'une sentence du tribunal criminel
de Bologne (le 16 juin 1856), comment M. de Rayneval le
jugeait-t-il ? « Dans l'examen du procès, nous avons eu à dé-
» plorer une suite de moyens violents et féroces, (*violenti et*
» *feroci*), mis en œuvre pour suggérer ou extorquer aux accu-
» sés la confession de leurs crimes ? » Sont-ce là, par hasard,
des *précautions nécessaires pour la constatation du fait* ?

XLIII

M. de Rayneval ignorait-il ou n'a-t-il pas voulu dire que
le cardinal Antonelli, par un édit du 30 juillet 1855, a remis
en vigueur la peine du chevalet, que l'infortuné Vénitien
dont nous racontions, il y a quelques jours, les souffrances, a
vu lui-même appliquer ? M. de Rayneval ignorait-il ou n'a-t-
il pas voulu dire l'usage très fréquent de mettre à prix la
tête des bandits, reste de barbarie du moyen-âge ? Ignorait-
il ou n'a-t-il pas voulu dire les conséquences, dans les États
du Pape, des cours martiales autrichiennes ? Pour ne citer
que deux villes, il y a eu, pendant sept ans, environ 60 exé-
cutions capitales à Ancône, 190 à Bologne. *On a fusillé des*

(1) *Les Prisons Papales.* Brochure in-8°. Paris, Chabot-Fontenay.

hommes pour des vols de quelques francs ou pour délit de port d'armes.

Cette déplorable prodigalité de supplices n'a fait qu'exciter dans l'état romain les passions les plus malfaisantes. Elle a habitué les hommes à se jouer de la vie de leurs semblables et même de la leur ; elle a ôté toute force relative aux peines plus morales et plus utiles, elle a paralysé la franchise des témoins, elle est repoussée avec indignation par l'opinion publique.

XLIV

M. de Rayneval a eu sans doute de très bons motifs pour ne point parler de la propriété dans l'État romain. Nous allons suppléer à son silence.

Une des conséquences du gouvernement politique-spirituel des pontifes fut la gigantesque accumulation de propriétés dans les mains de l'aristocratie cléricale, composée en très grande partie de ces êtres négatifs connus sous le nom de chanoines et de prélats de la cour romaine, ainsi que dans celles de gens qu'on pourrait nommer les décombres moraux des cénobites.

Pour montrer que les corps religieux ne sont point ces pauvres de l'Évangile qu'ils se vantent d'être, il suffit de jeter un coup d'œil rapide sur la propriété foncière seulement qu'ils possèdent dans la campagne romaine, ou plutôt dans le territoire romain. On doit d'ailleurs avertir que les fonds rustiques, bien loin d'être l'unique domaine des corporations ecclésiastiques de la capitale, ne sont qu'une des nombreuses possessions dont elles jouissent. Innombrables sont les canons, les taxes, les rentes consolidées, les crédits fructifères en leur faveur. Elles ont aussi des biens-fonds très considérables situés hors de la campagne romaine. Mais voici seulement la richesse des divers lieux, pies de la capitale :

Le territoire romain a une superficie de terrain d'environ 100,000 rubbies. Ces cent mille rubbies sont divisées en 419 *latifondi*, très connus sous le nom de censés, et l'entière quantité superficielle est répartie en deux parties, l'une desquelles appartient à l'aristocratie cléricale ou lieux pies, l'autre à l'aristocratie laïque, soit aux possesseurs de fidéicommis. La portion qui appartient aux premiers est quasi une moitié de la superficie entière du territoire, attendu qu'elle forme une superficie de terrain d'environ 48,679 rubbies, divisée en 169 censés. Elle est répartie entre les divers lieux pies de la manière suivante :

Chapitres, possession, 15,198 rubbies à 10 écus annuels de revenu par rubbie, 151,980 écus de rente (1).

Religieuses, 4,365 rubbies; — rente, 43,650 écus.

Moines, 4,421 rubbies; — rente, 44,210 écus.

Chapellenies, 252 rubbies; — rente, 2,520 écus.

Confréries, 991 rubbies; = rente, 9,910 écus.

Colléges, 1,336 rubbies; — rente, 13,360 écus.

Hôpitaux et autres lieux pies, 10,769 rubbies; — rente, 107,690 écus.

Menses épiscopales d'Ostie et Porto, 3.320 rubbies; — rente, 33,200 écus.

Total pour les 169 censés, ou 40,679 rubbies; — 406,790 écus de revenu annuel.

Et remarquez que le produit moyen qu'on attribue à une rubbie n'est pas la moitié de ce qu'elle pourrait rendre si la propriété était divisée, et confiée à de meilleures mains.

A la vérité, dans le tableau que nous venons de faire, il y a parmi les propriétaire quelques corps moraux dont le but est de venir au secours de l'humanité souffrante; mais d'abord, l'administration de ces établissements est si vicieuse que

____

(1) L'écu romain est de 10 paoli, et le paoli vaut environ 55 c. de France.

lorsque, à Rome, on veut parler de la mauvaise administration de telle ou telle famille, on dit communément : « Elle est administrée comme un hôpital »; ensuite, les revenus de toutes ces institutions de bienfaisance sociale ne sont pas les plus forts, puisque, additionnés ensemble, les fruits annuels perçus avec les produits des fonds rustiques des colléges, des confréries, des hôpitaux, etc., etc., leur somme monte à peine à 131,230 écus, c'est-à-dire à un peu moins du quart de la somme totale. Et le reste, où va-t-il? Demandez-le aux chanoines, aux religieuses, aux moines cloîtrés et non cloîtrés !

Cependant ceux-ci sont catholiques (au moins théoriquement), et ils se proclament les défenseurs du domaine politique du pontife, parce que, selon eux, l'intérêt universel de la religion est ainsi plus grandement assuré.

Ce qui vient d'être dit montre plus que jamais que bien loin d'être l'esprit catholique qui s'oppose à la séparation des deux pouvoirs, ce n'est autre qu'une raison d'intérêt purement matériel de l'aristocratie fortunée du clergé de Rome.

XLV

Une telle situation appellerait de prompts remèdes ; mais un changement est peu à espérer. Lorsque, il y a quatre ans, le Pape se rendit à Bologne, à toutes les représentations qui lui furent faites dans le but d'introduire des réformes dans son gouvernement, *il répondit que son opinion était que toute réforme quelconque amènerait l'anarchie, et il opposa constamment un refus péremptoire.*

Cette résistance a valu au pontife la perte d'une partie de de son territoire ; mais la leçon, paraît-il, a été insuffisante, et un discours tout récent de Pie IX prouve (1) que le gouvernement romain ne se résoudra à des réformes que lorsqu'il n'aura plus d'État à réformer.

XLVI

Le Pape ne se contente même pas de persister dans son système ; il blâme les États qui ne se conduisent point à sa guise, et il rêve la restauration des princes qui laissaient les prêtres dominer les laïques. L'archiduc Charles, frère de l'ex-grand duc de Toscane, se mariait, il y a quelques jours, à Rome, avec Marie-Clémentine, sœur de François II. Pie IX, après avoir béni leur union, adressait aux jeunes époux un discours où il qualifiait les pays qui ont adopté le système du mariage civil, de pays où l'on s'écarte de la vérité catholique. Dans sa péroraison il ajoutait : « En ce moment vous êtes con-
» traints de vivre sur la terre étrangère, et ce n'est pas sans
» raison que Dieu permet dans sa sagesse des secousses politi-
» ques qui ont de telles conséquences. Dieu le permet afin que
» dans le malheur et la solitude chacun puisse mieux com-
» prendre ses devoirs, et acquierre la force et la sagesse pour
» les remplir. Quand le malheur vous aura purifiés et forti-
» fiés, la Providence ne tardera pas à vous ramener dans le
» royaume de vos pères, *car il est impossible que le jour de la*
» *justice n'arrive pas.*

XLVII

En outre, une lettre adressée de Rome (25 septembre 1861) à la *Nazione,* annonce que le gouvernement romain construit

(1) Septembre 1861. Promulgation du décret de canonisation du bienheureux Michel de Santis et de vingt-trois martyrs du Japon. Le Pape, dans sa harangue, s'est plaint des religieux qui conseillent les transactions, et il a ajouté que *le saint siége ne transigerait jamais.*

un *bagne* à Civita-Vecchia *pour les condamnés politiques*, et que des brigands sont transportés, par ordre de ce même gouvernement, sur des barques dont les commandants sont forcés de les recevoir en vertu de contrats passés.

Aussi une feuille cléricale disait-elle avec assurance, il y a deux jours : « Les brochures ne changeront rien aux résolu- » tions du vicaire de Jésus-Christ, non plus que les notes » diplomatiques. Qu'on le sache donc bien, et qu'on nous » épargne les scandales de cette trop longue comédie ! »

XLVIII

Mais voici qui dépasse toute mesure. Une lettre en date de Rome, 25 septembre 1861, adressée à l'Office-Correspondance, de Bullier, et reproduite par le *Siècle* du 3 octobre, explique ainsi un événement qui a produit la plus vive sensation dans le monde politique.

» Je reçois d'une source sûre des détails sur ce qui s'est passé à Véroli, le 22 au soir. Vous savez que Véroli est une petite ville, une bourgade aux murs antiques, située près de la frontière napolitaine, au delà de Frosinone. Véroli est occupé par un détachement français du 19ᵉ de ligne, que commande un capitaine. Ce détachement est spécialement chargé de surveiller ce qui se passe dans la direction de Sora.

» Le 22, le capitaine chef de détachement apprit qu'un convoi passerait le soir, qu'il contiendrait des armes, des munitions et de l'argent, le tout envoyé de Rome à Chiavone. Il ordonna à un lieutenant d'aller se mettre en embuscade, avec vingt hommes, au point où il lui paraîtrait le plus facile d'arrêter le convoi. Le lieutenant attendit avec ses hommes jusqu'à une heure de nuit. A ce moment le convoi approcha. Il allait être enveloppé, lorsqu'un chien donna l'éveil. Ce chien avait suivi les Français; il se mit à aboyer en entendant les bourbonniens. Ceux-ci apercevant les soldats tirèrent sept coups de feu. Ils étaient sept en tout. Puis ils prirent la fuite.

» Un des Français tomba. Il avait reçu une balle en pleine poitrine. Un des brigands avait tiré presque à bout portant sur le lieutenant, mais il échappa comme par miracle. Les fuyards furent poursuivis. On n'atteignit que leur chef, caché derrière une haie. Ce chef est un jeune capitaine de l'ancienne armée du roi de Naples ; il s'appelle Ricci. Il est à Vellétri aujourd'hui et sera amené demain au château Saint-Ange. Comme il a pu reconnaître dans la nuit les pantalons rouges, et qu'il savait d'ailleurs à n'en point douter que sa résistance s'adressait aux Français, à une armée chargée de maintenir l'ordre, il est à croire qu'il a encouru une très grande responsabilité.

» On a trouvé dans ce convoi de Véroli une quarantaine de fusils et trois mille francs en argent et en or français. On croit que cet argent a été donné directement par le comité légitimiste. »

XLIX

En présence de tels faits, qui placent la France dans une situation plus fausse que jamais, la conduite de notre gouvernement nous paraît toute tracée : qu'il retire ses troupes de l'État pontifical, et le Pape ne sera pas longtemps *Roi de Rome* !

FIN.

Paris. — Imp. FÉLIX MALTESTE et Cie, rue des Deux-Portes-Saint-Sauveur, 22.

OUVRAGES DE J.-B. CHARLES PAYA.

NAPLES de 1830 à 1857, 1 fort vol. in-18 , 3 fr. 50. — DE L'ORIGINE
DE LA PAPAUTÉ, 1 vol. in-8°, 3 fr. — JOSEPH GARIBALDI , 1 vol.
in-4°, illustré de 29 gravures et de 2 portraits hors texte : GARIBALDI
et VICTOR-EMMANUEL, 2 fr. — UN PRISONNIER DU PAPE, brochure
in-8°, *deuxième édition*, 1 fr. — LES PRISONS PAPALES , brochure
in-8°, *seconde édition*, 1 fr. — CAUSERIES POLITIQUES , brochure
in-8°, 1 fr. — LE ROI DE ROME, brochure in-8°, 1 fr. (*).

JUGEMENT DES REVUES ET JOURNAUX FRANÇAIS ET ÉTRANGERS.

NAPLES.

Journal des Débats. — Nul ne connaît mieux que l'auteur les lieux, les temps,
les choses, les hommes et les partis qui les divisent. Aucune des fautes du pouvoir
n'échappe à ses observations ; on ne saurait raisonnablement craindre qu'il
penche trop de ce côté. On le voit fort au fait au contraire des projets et des
espérances conçus dans un sens opposé. Comment rétablir l'équilibre ? Quant à
présent, bornons-nous à dire que ni les opinions, ni les principes, ni les récits,
ni le style, ne sont languissants dans l'ouvrage, tant s'en faut ! il abonde en
particularités attachantes, et la passion y ferait naître l'intérêt, supposé que
l'intérêt ne s'attachât point tout naturellement à la variété des faits historiques.
F. BARRIÈRE.

Revue de Paris. — Ce livre est le plus récent de tous ceux qu'on a publiés jusqu'ici sur Naples. Il est par conséquent le plus complet, et il va jusqu'aux derniers événements, jusqu'à la mort du colonel Pisacane. L'auteur, mêlé à nos luttes
politiques, n'a jamais oublié cependant que l'impartialité et la mesure sont les pre-
mières qualités d'un historien ; aussi raconte-t-il les horreurs de ce gouvernement
de Naples sans déclamation, sans exagération, et en contrôlant scrupuleusement
son récit par des citations. Ecrit avec simplicité, ce livre puise son éloquence dans
les faits : c'est une succession de témoignages incessants contre ce despotisme qui
a nom Bomba. Nous ne saurions trop vivement recommander la lecture de cette
excellente histoire, qui place M. Paya au rang des meilleurs historiens dont la
démocratie s'honore.
MAXIME DU CAMP.

L'Opinione, de Turin. — M. Charles Paya a publié à Paris un beau volume
intitulé : *Naples*, de 1130 à 1857, — qui contient l'histoire du royaume de Naples
et de Sicile depuis le commencement jusqu'à nos jours.

Le récit est bien ordonné, l'exposition est délicieuse, et l'auteur se montre toujours soucieux de la noble cause de la liberté et du progrès.

Le *Siècle.* — L'histoire de M. Charles Paya commence en 1130, à l'époque où
Roger II, ayant joint à la Sicile les terres qui composent le royaume de Naples, cei-
gnit la couronne et prit le titre de roi à Palerme ; elle finit en 1857, au moment
où Pisacane tombe vaincu sur le sable de Ponza. Ce livre débute par un résumé
concis et rapide des événements qui ont eu lieu avant l'avènement des Bourbons.

La partie qui embrasse l'histoire de Naples comprise entre la campagne de Championnet et le second exil des Bourbons en Sicile est sans contredit la plus intéressante de tout l'ouvrage. M. Paya a su rendre avec un vrai talent l'ensemble et les
détails de ce tableau, ou plutôt de ce drame si compliqué où se montre à nu la fé-
rocité et la duplicité de ce parti religieux qui domine encore à Naples en ce moment. Les règnes de Joseph Bonaparte et de Murat sont aussi racontés avec beaucoup de précision, de justice et d'impartialité. On se rend parfaitement compte,
après avoir lu la période comprise entre 1808 et 1815, de l'influence de la domination française à Naples et des souvenirs qu'elle peut avoir laissés dans le pays.

Le carbonarisme italien était l'objet des craintes permanentes de tous les dy-
nastes de la Péninsule. Ces craintes, il faut le dire, étaient justifiées. Jamais société ne fut mieux organisée, plus étendue, mieux commandée ; elle avait des chefs et
des soldats d'élite. M. Paya nous explique parfaitement cette organisation. Le signal
de la révolution devait être évidemment donné par le carbonarisme. En 1820, en
effet, la société résolut d'agir, et à la suite d'instructions reçues de Palerme et de
Naples, le drapeau de l'insurrection fut arboré à Nola.

(*) Pour l'affranchissement par la poste, voir la couverture.

3

Nous ne suivrons pas l'historien dans son récit de la révolution napolitaine ni dans l'exposé des causes qui la firent avorter. La principale fut de s'être fié à la bonne foi du duc de Calabre et d'avoir cru qu'il était sincèrement dévoué à la constitution. Le fils n'en voulait pas plus que le père, et il le fit bien voir plus tard. Il jouait dans la comédie dynastique le rôle ordinaire de l'héritier de la couronne : il faisait semblant d'être de l'opposition.

M. Paya nous fait assister aux exploits de ces routiers pendant les journées qui suivirent le guet-apens du 15 mai, dans lequel la révolution, surprise et trahie, succombe après avoir brûlé sa dernière cartouche. C'est cette plèbe encore qui tient Naples sous son poignard.

Les Bourbons de Naples se transmettent le fanatisme et le pouvoir absolu comme des maladies héréditaires. Quelques personnes prétendent, il est vrai, qu'on a vu des dynasties atteintes de maladies semblables en guérir radicalement. Nous avons toujours douté de ce miracle, pour notre part, et nous en doutons bien plus encore après avoir achevé la lecture du remarquable ouvrage de M. Paya.

· TAXILE DELORD.

Il Diritto, de Turin. — Nous avons déjà annoncé le livre qu'un Français a publié récemment sur les événements de Naples. Ce livre est écrit avec tant d'affection pour la cause de l'Italie et de la liberté, qu'un écrivain proprement italien n'aurait pu en éprouver d'avantage.... Les Italiens ne doivent pas peu de gratitude à M. Paya d'avoir épousé avec tant d'amour la cause d'un peuple souffrant, et révélé à ses compatriotes, souvent trompés par leur facile esprit, la vraie et longue Iliade des malheurs particuliers qui pèsent sur la plus belle des terres italiennes.

Le *Charivari*. — C'est un sujet actuel, s'il y en eut jamais, et pourtant le travail de M. Paya n'a aucun des défauts qu'engendre trop souvent l'actualité ; ce n'est pas un pamphlet, mais une belle et sérieuse histoire, chaleureuse, convaincue, jamais injuste ni passionnée.

Ici d'ailleurs la passion serait vraiment du luxe. Calomnier les Bourbons de Naples, à quoi bon ? La vérité toute simple leur est bien assez redoutable ; il suffit de laisser la parole aux faits, qui forment un corps de réquisitoire écrasant.

J'insiste sur le côté actuel du livre de M. Ch. Paya, parce que c'est le plus intéressant, mais ce n'est pas le seul qui attire l'attention et puisse être étudié avec fruit. Comme on le voit par le rapprochement des dates qui lui servent de sous-titre, il commence à la conquête des Normands pour ne s'arrêter qu'aux derniers événements, au coup de main de Pisacane. L'action de la France s'exerce constamment sur ce pays, représentée successivement par Robert Guiscard, René d'Anjou, Charles VIII, Louis XII, Championnet, Joachim Murat.

Ces premiers chapitres de l'ouvrage de M. Paya n'offrent naturellement qu'un résumé rapide de faits qui doivent trouver le lecteur indifférent et ne sont plus bons qu'à fournir des sujets d'opéra comme *Robert le Diable* et *Masaniello* ; mais à mesure que nous arrivons à des récits plus en rapport avec nos sentiments et nos idées modernes, le cadre de l'historien s'agrandit et les tableaux se développent dans des proportions suffisantes pour que l'œil et l'esprit puissent distinctement en saisir tous les détails. Entre autres morceaux très remarquables, il faut citer celui sur l'organisation du carbonarisme et l'examen des trois constitutions de Naples. Il s'agissait de faire tenir dans le cadre si restreint d'un volume tout ce qu'il importe de connaître pour être en état de bien comprendre la question napolitaine et de la juger en parfaite connaissance de cause. C'est ce qu'a voulu faire M. Paya, et c'est à quoi il a pleinement réussi. Sans cesser un instant d'être vivifié par le souffle démocratique, son livre n'est point une œuvre de parti dans le sens étroit du mot, mais une histoire élevée, philosophique, acceptable par tous, comme le prouvent les éloges qui lui ont été donnés par des écrivains dont les tendances n'ont jamais effrayé ces esprits timides pour qui le mot de liberté est toujours synonyme de bouleversement.   CLÉMENT CARAGUEL.

Courrier de Paris. — Tous les livres qui nous parlent de l'Italie sont lus avidement. L'Italie, ce cadavre plus douloureux à contempler que celui d'un homme, cette patrie italienne couchée sur un lit funèbre comme la patrie polonaise, cette nation veuve d'un de ses grands et légitimes espoirs sans lesquels tout est obscurité et néant, l'Italie est, pour ainsi dire, notre patrie à tous, et son histoire est la nôtre.

Nous avons donc lu avec avidité : *Naples*, par M. Charles Paya.

Nous connaissons peu l'histoire de Naples, et, pour la plupart des Français, elle se résume tout entière dans cette fameuse insurrection que l'ingénieux esprit de M. Scribe et la charmante musique de M. Auber ont popularisée au théâtre. Le livre de M. Charles Paya, qui consacre quelques pages à peine à l'histoire de Naples depuis les temps les plus reculés jusqu'à la fin du dix-huitième siècle, nous raconte en détail les grands événements qui ont rempli les dernières années de ce siècle et ce qui s'est écoulé du nôtre.

S'en tenir à l'exactitude du récit, l'écrire avec chaleur et conviction, mais sans esprit de système; en faire découler naturellement les leçons qu'il renferme; lui laisser l'aspect de l'époque qu'il rappelle ; savoir se dissimuler derrière les faits et les respecter comme des maîtres qui seuls peuvent et savent bien dire : c'est là un grand mérite devenu rare aujourd'hui : nous sommes plus ambitieux qu'exacts, et nous aimons trop la doctrine pour nous soumettre aux faits ; nous leur donnons une singulière flexibilité, nous leur apprenons à plier sans rompre. L'ouvrage de M. Paya n'est pas compris ainsi : c'est une narration véridique, sincère, généreuse, d'une histoire pleine de drames sanglants et d'un intérêt puissant et soutenu ; une narration concise, rapide, faite d'une plume élégante et correcte.   PAUL D'IVOY.

L'Independente, de Turin. — La catastrophe de 1799, dans laquelle la monarchie des Bourbons de Naples, d'après tous les historiens, italiens et étrangers, surpassa de bien loin la méchanceté de la république robespierrienne française, est racontée par M. Paya avec une rare impartialité et enrichie de plusieurs anecdotes, non toujours entièrement neuves, mais souvent restituées à leur vrai sens historique, et rendues plus aptes à répandre la lumière sur les perfidies proverbiales de Marie-Caroline d'Autriche, lesquelles enlevèrent au gouvernement des Bourbons de Naples la bonne direction qui lui avait été donnée par les fondateurs de leur dynastie, et furent l'occasion principale des féroces et stupides persécutions qui, sous les règnes du premier Ferdinand, de François Ier et de Ferdinand II, corrompirent tous les germes de bien dans ces admirables provinces de l'Italie, et tuèrent de diverses morts cent cinquante mille citoyens distingués, non pour autre faute, comme l'a justement affirmé Colletta, à la fin de son histoire, que le désir d'améliorer les conditions de leur terre natale et pour leur amour de l'Italie.   *

L'Unione, de Turin. — Si, par hasard, il y avait quelques hommes qui n'eussent pas encore accordé une foi suffisante aux *Lettres de William Gladstone*, aux œuvres écrites par tant d'historiens et publicistes italiens et étrangers, aux journaux de toute l'Europe, au cri d'indignation de la chrétienté entière, aux débats animés dans le sein des récentes conférences de Paris, et aux censures des cabinets des Tuileries et de Saint-James dans la rupture des relations avec la cour de Naples, qu'on lise, de grâce, les cent dernières pages du livre de M. Paya, puisées à des sources, la plupart non italiennes, et qu'on demande ensuite à sa propre conscience si la somme des injustices reprochées jusqu'à nos jours à tous les gouvernements du monde n'est pas inférieure à la somme des injustices commises dans le court espace de dix années par le gouvernement des Deux-Siciles.   *

Courrier franco-italien. — L'histoire du royaume de Naples, que M. Charles Paya vient de publier à Paris, n'est pas seulement un bon livre, c'est une œuvre éminemment patriotique. Nous devons renoncer, et c'est à notre grand regret, à apprécier ici l'œuvre politique. Quelques critiques l'ont déjà fait dans plusieurs journaux, d'autres le feront encore, car ce livre est destiné à avoir un certain retentissement dans le monde diplomatique. L'écrivain, patriote dévoué, n'appartient pas au parti haineux, intolérant, exagéré. Il s'est mis à la recherche de la vérité, et nous sommes fondés à croire qu'il l'a atteinte. La modération de son langage est à la hauteur du but qu'il poursuit ; point de mots retentissants, point de phrases à effet, point de déclamations, d'exagérations. d'insultes. Les leçons de l'histoire sont des leçons philosophiques qui se passent des artifices oratoires, et l'histoire de Naples est toujours si intéressante, parfois si poignante et si terrible, que M. Paya a dû s'efforcer plutôt d'en mitiger que d'en relever l'expression dramatique.

L'auteur commence son livre par l'avénement de Roger II, *roi de Sicile, duc d'Apulie et prince de Capoue*, c'est-à-dire souverain de tout ce vaste et riant territoire que les traités de 1815 ont appelé royaume des Deux-Siciles. Il nous trace en peu de mots le tableau du règne de Frédéric II de Souabe, de Mainfroi, de Charles d'Anjou, des Vêpres siciliennes, des malheurs de Jeanne Ire, des crimes et débauches de Jeanne II, des malheurs de René, de la domination française à Naples, de la conquête espagnole, des efforts de Masaniello, de la conspiration de

Cellamare, de l'avénement des Bourbons, de leurs rapports avec l'Autriche, de la régence Tannucci, des fautes de Ferdinand III et de Marie-Caroline, des faits galants et militaires de Nelson, et de la conquête des Français républicains. Tous ces événements sont racontés d'une manière rapide et claire. Le style de M. Paya n'a pas l'ampleur et la puissance du style de Colletta, mais il n'en produit pas moins les mêmes effets. Soixante pages ont suffi à notre écrivain pour raconter tant de faits importants et distincts. Le lecteur suit sans peine, et avec un intérêt toujours croissant, ce récit concis où sont groupés et habilement reliés l'un à l'autre tant de systèmes contradictoires, tant de choses disparates, toutes plus ou moins fatales à l'avenir du pays.

M. Paya aborde ensuite l'histoire moderne depuis 1800 jusqu'à 1857. Dans ce travail si difficile, si palpitant d'actualité, il se montre plus à l'aise : le style est alors d'une largeur digne du sujet ; il parle en homme non seulement convaincu, mais qui possède le moyen de convaincre ses lecteurs. Nous ne connaissons pas le passé de M. Paya, mais nous sommes persuadés qu'en tête de la seconde partie de son livre il pourrait graver les mots : *Quorum pars magna fui.* Cet ouvrage ne nous a rien appris de nouveau, à nous qui dès l'enfance suivons pas à pas l'histoire des grandeurs et des malheurs de toutes les provinces italiennes ; mais il étonnera la presse indépendante, si jamais la vérité peut frayer sa voie à travers les haines des partis.

Nous en recommandons la lecture à tous ceux qui s'intéressent de l'Italie, à tous ceux qui n'ont pas désespéré de l'avenir de cette *Alma parens*, et nous nous plaisons à répéter que M. Paya, par cet ouvrage d'une portée immense, n'a pas fait seulement un bon livre, mais une œuvre éminemment patriotique.

C. Ferrari.

JOSEPH GARIBALDI.

Le *Courrier de Paris.* — Le nom de Garibaldi brille d'un vif éclat parmi les noms des individualités célèbres que les circonstances improvisent. L'histoire offre peu d'exemples d'hommes qui, partis de si bas et parvenus si haut moralement, soient restés aussi constamment fidèles à leurs convictions.

Le peuple, le peuple de tous les pays, aime et admire Garibaldi, parce que ce héros est sorti de ses rangs ; parce que cet homme représente l'amour de la patrie et de la liberté.

Garibaldi est fils d'un pêcheur de Nice. Sa main d'enfant durcie déjà par le travail, a manié le gouvernail et la rame. Et cependant cette main, plus tard, a pressé des mains royales.

Quel immense contraste entre le Garibaldi d'autrefois et celui d'aujourd'hui, entre le jeune marin de la plage de Nice et le chef populaire de la révolution italienne ! Que de degrés immenses Garibaldi a dû franchir pour prendre le poste glorieux qu'il occupe aujourd'hui !

Un écrivain de talent, M. Charles Paya, vient de nous raconter, dans une publication récente, la vie du célèbre aventurier. Rien de plus attachant et de plus instructif à la fois que cette biographie complète, qui prend Garibaldi à sa naissance et ne l'abandonne qu'aux derniers événements, au moment de la dissolution de la société de *la Nazione armata*, dont Garibaldi était le président.

Aventures extraordinaires, épisodes émouvants, luttes grandioses pour le triomphe de la liberté en Italie et en Amérique, ce récit embrasse toute la vie de Garibaldi, et l'on a besoin de se rappeler, en le lisant, que ces faits sont contemporains de la génération présente et que le héros n'est point emprunté aux légendes historiques du moyen-âge.

La vie de Garibaldi contient toute une odyssée. Jamais création imaginaire ne présenta un intérêt plus vif et plus soutenu. M. Charles Paya rapporte les faits avec une fidélité et une impartialité que nous avons pu faire contrôler par des témoins oculaires. Son style est simple, sans prétention, mais toujours dramatique et coloré. Émile Le Tellier.

Le *Causeur.* — Garibaldi est un de ces hommes dont un siècle a droit de s'enorgueillir. La vie de ce grand capitaine est mal connue ; ses ennemis essaient de le représenter comme une sorte de *condottiere*, le peuple voit en lui un personnage fabuleux, légendaire. Garibaldi est tout simplement un excellent homme, d'une ardeur encore juvénile, n'ayant qu'un but : l'affranchissement de sa patrie. Sa vie a été un continuel combat contre le destin ; il a été tantôt commerçant, tantôt

marin, tantôt général. Il a souffert comme souffrent les grands cœurs. Aujour-
d'hui sa tâche n'est pas encore terminée. Mais Garibaldi est aussi prudent que
brave : il sait attendre. M. Charles Paya a publié sur Garibaldi une étude instructive ; certains récits, par exemple, la retraite de Rome, remplissent le cœur
d'effroi, de pitié et d'admiration. M. Charles Paya aime son héros et nous le fait
aimer.   CHARLES HABENECK.

Le *Charivari*. — Il n'y a pas d'hommes que la réaction haïsse plus que Garibaldi, sans doute parce qu'il n'y a pas de cœur plus noble, de patriote plus désintéressé et plus loyal. Toutes les calomnies inventées pour ternir une si belle vie
rempliraient des volumes, mais la vérité finit toujours par reprendre la place
usurpée par le mensonge. Un écrivain consciencieux, M. Charles Paya, vient de
publier l'histoire de cette existence toute de dévouement et de courage, qui dans un
siècle aussi positif que le nôtre a l'étrange destinée de tenir du roman et de la
légende. L'historien de l'illustre patriote n'avait qu'à rester simple et vrai pour
être intéressant ; il a atteint ce but avec un rare bonheur. C'est dans son livre
qu'on apprendra à connaître le véritable Garibaldi, celui qui restera comme une
des plus pures et des plus grandes figures de l'Italie.   CLÉMENT CARAGUEL.

Le *Siècle*. — Quelle légende que les guerres de la révolution ! quelle fabuleuse
épopée ! Garibaldi sera un de ses héros. La liberté des peuples le comptera parmi
ses apôtres. Déjà, de son vivant, il a au front cette auréole ; que sera-ce quand le
temps et l'éloignement auront grandi cette jeune renommée qui ne doit rien qu'à
elle-même, qu'à la vertu du principe auquel Garibaldi a voué son existence !

Ses historiens abondent ; parmi eux, M. Charles Paya, une des plus courageuses
victimes de nos luttes politiques, vient de prendre la première place. Son livre a
la vive allure d'un poëme en même temps que la gravité de l'histoire. On croirait
lire un roman en suivant Garibaldi à travers les phases si diverses de sa vie aventureuse. Cet homme est né, a grandi avec une passion dans l'âme, une sainte et
généreuse passion : l'amour de la patrie et de la liberté ! Fils d'un pêcheur, il a
été bercé pour ainsi dire par les flots bleus de la Méditerranée. La mer est son
élément ; une inquiète activité le dévore. La patrie ! la patrie opprimée ! que
pourra-t-il faire pour elle, pour sa délivrance ? Sa pensée ne se détache pas un
instant de ce but sacré.

Il court le monde. Il offre ses services au bey de Tunis, qui les accepte ; mais
sur cette scène étroite, il meurt d'oisiveté et d'ennui. Le nouveau monde tressaille,
des peuples s'agitent dans l'Amérique du Sud pour conquérir leur liberté. Il y
court, il se met au service des causes généreuses, accomplissant des prodiges avec
une poignée d'hommes, désintéressé autant que brave et entreprenant, et ce n'est
pas peu dire ! Mais son œil et son cœur sont toujours tournés vers sa mère absente,
vers cette noble Italie à laquelle sa vie est vouée.

Il entend au loin le coup de foudre de 1848, et il accourt à travers mille obstacles.
« Acceptez-moi comme soldat, » dit-il à Charles-Albert ; et le roi a peur de
l'influence de cet homme. Garibaldi va à Rome ; il est élu député à l'Assemblée
constituante. Mais il est homme d'épée plus que de parole : il organise la défense
de Rome et il y fait merveille.

Cette partie du remarquable travail de M. Charles Paya est traitée avec un soin
scrupuleux. Il a mis en évidence toutes les fautes qui furent alors commises. C'est
la première fois, ce nous semble, que l'histoire raconte impartialement cet épisode
terrible qui eut de si douloureuses conséquences. Ce n'est pas ici le lieu d'entrer
dans le détail de ces événements si dramatiques que les passions contraires ont
étrangement travestis. Nous nous bornons à signaler à l'attention des lecteurs cette
partie très importante de l'œuvre de M. Paya.

Que de généreuses espérances furent alors brisées ! quels beaux rêves évanouis !
Proscrit, dépourvu de ressources, Garibaldi dut quitter la Péninsule ; mais la
foi ne s'éteignit pas dans son cœur. « Je reviendrai, dit-il, et l'Italie sera libre ! »

Alors recommencèrent les chances, les émotions, les périls de la vie aventureuse.
Garibaldi va en Chine ; il se fait industriel à New-York ; il est accueilli triompha-
lement à Lima. Partout sa réputation légendaire le précède, partout il porte
l'Italie dans son cœur. L'heure sonne enfin, l'heure de la délivrance. Garibaldi
arrive en toute hâte ; il est le premier au rendez-vous, le premier sur le champ
de bataille.

On sait ce qu'il a fait pendant cette glorieuse campa gne. Son historien le raconte
avec une chaleur qui émeut. Cette partie du livre est un des récits les plus exacts
et les plus complets qui aient été publiés de cette guerre d'Italie, dont les résultats
seront si considérables. L'histoire de M. Paya restera comme le monument le plus

parfait qui ait été élevé à la gloire de ce héros modeste, dont la physionomie sera certainement une des plus originales figures de notre siècle, et, je le répète, de notre grand siècle.   LOUIS JOURDAN.

La *Revue européenne.* — Le récit de M. Charles Paya, qui tient constamment l'intérêt en éveil, est fort attachant; il emprunte à sa rapidité même un attrait de plus. L'auteur groupe les faits avec talent et impartialité : il cite une quantité notable des documents qui établissent la part importante de renommée et de gloire revenant à Joseph Garibaldi dans les événements dont l'Italie a été le théâtre pendant la guerre ; et il reproduit les diverses appréciations de nos principaux écrivains sur l'homme et sur ses actes.   A. B.

La *Perseveranza*, de Milan. — Les faits splendides, épisodiques, mais entièrement italiens, de l'illustre général Garibaldi ont été, par de célèbres écrivains français, mis en une telle évidence, que ceux de leurs héros nationaux n'en ont jamais plus obtenu. L'ouvrage récemment publié par M. Charles Paya, avec de belles illustrations de Janet Lange, suivant peu à peu la vie de notre excellent champion, depuis la sortie du berceau jusqu'à la dernière retraite dans sa petite île de Caprera (où la chère mémoire de son unique épouse, la fidèle et malheureuse Annita, lui adoucirent l'angoisse de ses chagrins les plus cuisants), jette beaucoup de lumière autour du développement de la très sainte idée qui pousse les peuples italiens à se constituer en un seul corps de nation.   P. S. L.

Le *Mémorial de Lille*. — J'ouvre à l'instant un livre dont l'auteur ne saurait être suspecté de malveillance à l'endroit du chevaleresque général. Je veux parler de l'étude historique sur l'Italie, par M. Charles Paya, fort connu d'un certain nombre de journaux de département dont il a été le correspondant à une autre époque. Ce livre de M. Paya, qui est plus spécialement la biographie illustrée et développée de Joseph Garibaldi, avec deux portraits gravés sur acier et un grand nombre de dessins charmants qui sont de nature à buriner dans la mémoire du lecteur les faits les plus saillants de la guerre, ce livre, dis-je, se termine par le passage que je transcris ici...

On ne saurait certes s'empêcher d'applaudir à une sympathie ainsi exprimée, mais ce sont là des nuages qui ont passé sur les plus illustres têtes sans en assombrir l'éclat. Que l'Italie se réveille de nouveau pour compléter son affranchissement, et la figure de Garibaldi se dégagera aussi radieuse que jamais, car Garibaldi est devenu un homme trop important, pour me servir des paroles de M. Paya, pour ne pas s'élever de toute sa hauteur au-dessus de ces misérables défaillances de l'humanité. Comme Lafayette, Garibaldi a été le héros des deux mondes, et de même qu'on ne pouvait écrire il y a trente ans, un livre sur l'Amérique sans unir le nom de Lafayette à celui de Washington, de même tout écrivain qui passe l'Atlantique, trouve le nom de Garibaldi aussi vivant à Montevideo, au Pérou et au Brésil, qu'il l'est dans toute l'Italie.   HENRI FERRIER.

DE L'ORIGINE DE LA PAPAUTÉ.

Le *Causeur.* — La papauté aujourd'hui si puissante que d'un signe elle peut bouleverser le monde catholique, a eu pourtant une très humble origine. Ces papes si fiers, qui veulent courber sous leurs ordres tous les peuples de l'Europe, n'étaient dans les premiers siècles de l'ère chrétienne que de simples évêques, comme ceux de Carthage ou d'Alexandrie.

Nous ne pouvons suivre M. Charles Paya dans le récit qu'il nous fait de ces premiers temps de l'église chrétienne, mais nous ne pouvons qu'applaudir à la généreuse idée qui lui a inspiré cet ouvrage. C'est un service rendu à la cause du progrès que d'éclairer les gens sur ce pouvoir papal, au nom duquel un parti anti-français cherche à bouleverser les consciences. Ce livre est le résultat de longues et consciencieuses recherches ; l'auteur n'a négligé aucun document ; il connaît mieux qu'un théologien l'histoire de toutes les sectes hérétiques qui divisèrent l'église ; il prouve d'une manière irréfutable que Constantin et les empereurs, ses successeurs, qui fixèrent par eux-mêmes, ou firent fixer par des conciles présidés par eux, les points les plus importants de la religion, ignoraient jusqu'aux vérités les plus élémentaires de la foi.

M. Charles Paya n'est point seulement un savant, c'est un écrivain fort habile, qui sait dramatiser tous les événements qu'il raconte. Son ouvrage ne plaira point aux ultramontains, mais il sera lu avec empressement par tous les esprits qui aiment la vérité dans l'histoire.   EDMOND PANNIER.

Revue contemporaine. — Les adversaires les plus bruyants de la papauté ne sont pas en ce moment les érudits. Il semble que les plus sérieuses menaces ne soient pas adressées au saint-siége par la science, et que le péril serait moins grand pour l'autorité pontificale de Rome, si les attaques violentes de l'action n'étaient point venues succéder aux attaques paisibles de la pensée. Il y a cependant peut-être un lien plus intime qu'on ne le croirait d'abord entre celles-ci et celles-là. Il serait curieux d'examiner la part que peuvent réclamer l'érudition historique et l'activité de la pensée scientifique dans la guerre déclarée depuis quelques temps, ouverte aujourd'hui, contre la papauté catholique. M. Charles Paya représente assez bien l'hostilité érudite des adversaires du saint-siége. C'est un ennemi et un vrai soldat : il a écrit une étude intéressante sur Garibaldi, et il en parle comme un officier subalterne parle d'un général. C'est un savant : M. Charles Paya vient de donner au public un volume de 200 pages sur l'origine de la papauté, où la question posée est étudiée avec une érudition réelle...

Les derniers chapitres de l'ouvrage sont ceux où l'auteur donne les meilleures preuves de ses connaissances historiques. Il expose avec clarté les désordres intérieurs qui, dans les premiers siècles, éclatèrent dans le sein de l'Église, les hérésies qui s'y développèrent ; on voit que M. Paya a fait une étude très sérieuse des travaux de la science en Allemagne et en Angleterre, dans ce que ces travaux ont de relatif à l'histoire des premiers temps de l'église... FRANÇOIS BESLAY.

Revue critique. — Cet opuscule peut servir de commentaire au précédent *(Histoire des excommuniés)*; mais c'est un commentaire très supérieur au texte. On y verra comment fut établie la papauté, quelles vues ambitieuses présidèrent à sa fondation ainsi qu'à ses développements successifs, et par quels moyens elle accrut son pouvoir. M. Paya n'est pas de la même école que M. de Bussy. Au lieu de phrases déclamatoires, il cite des faits et laisse la controverse de côté pour chercher à répandre quelque lumière sur les origines fort obscures de l'infaillibilité papale. L'examen impartial des rares documents relatifs aux premiers siècles de l'ère chrétienne, montre qu'à cet égard les prétentions de l'Église romaine manquent d'une base solide. Il en ressort évidemment que la papauté, loin d'être instituée par Jésus-Christ, fut plutôt une espèce de concession faite aux idées antérieures. La multiplication des sectes entraîna le christianisme à recourir aux formes sacerdotales, qui donnaient tant d'influence à ses adversaires soit juifs, soit païens. Pour dominer les masses, la religion nouvelle dut avoir aussi son grand pontife, et l'entourer autant que possible du même prestige en s'appropriant beaucoup d'autres accessoires des anciens cultes. L'établissement d'une autorité souveraine en matière de foi devint bientôt l'objet principal des efforts. Cette tendance fut singulièrement favorisée par l'invasion des barbares. La suprématie spirituelle put grandir au milieu des ruines de l'empire romain, d'autant mieux que le désordre de l'état social lui permettait d'employer la violence et la ruse aussi bien que la persuasion. L'énergie indispensable pour accomplir une telle œuvre ne s'accordait guère avec les scrupules religieux. Cela se comprend, et comme le dit M. Paya, l'exposé des faits suffit pour mettre les lecteurs à même de juger « si c'est du ciel que les papes ont reçu le droit de maudire les princes de la terre ! »

UN PRISONNIER DU PAPE.

Le Siècle. — Une brochure intéressante est celle que notre collaborateur M. Paya vient de publier sous ce titre : *Un Prisonnier du Pape.* M. Paya a en effet été emprisonné à Rome, et le récit de ses infortunes, de ce qu'il a vu dans la capitale du monde chrétien, donne en même temps une très pauvre idée de la protection dont notre ambassade y couvre nos compatriotes, une juste idée de la moralité et de la force de ce gouvernement qui croulerait demain si demain la France cessait de le soutenir. La brochure de M. Paya sera lue avec un vif intérêt.　　　　　　　　　Émile de la BÉDOLLIÈRE.

Phare de la Loire. — Permettez-moi de vous présenter un *Prisonnier du Pape* ; ne lui refusez pas le pain et le sel : ce n'est pas un excommunié, il a au contraire lu et relu dans sa cellule, lorsqu'il était au secret, un livre de piété. Il avait demandé au geôlier un livre quelconque pour se distraire : on lui apporta l'*Apparecchio alla morte* de Liguori, la *Préparation à la mort,* et il l'a lu et relu. Le prisonnier que je vous présente a beaucoup souffert : il s'appelle Charles Paya et a même été un peu condamné sous la République pour je ne sais quelle complicité morale ; mais si vous ne partagez pas les idées auxquelles il a sacrifié sa fortune et sa santé sans proférer une plainte, rassurez-vous, il ne vient pas dans la brochure qu'il publie, sous ce titre : *Un prisonnier du Pape,* essayer de vous faire partager ses opinions. Toutes les opinions désintéressées et qui se tiennent dans les limites de la loi sont respectables ; mais il s'agit non pas de vos opinions ou de celles de M. Paya, mais d'un coup d'œil jeté sur le régime pénitentiaire des États romains. On a beaucoup écrit pour ou contre les prisons pontificales. M. Paya a un avantage sur ses devanciers : il a de ce qu'il raconte une expérience personnelle ; il a mangé le pain noir et bu l'eau saumâtre de San Michele, il a dormi sur la paille et sous la couverture du pouvoir temporel, pour s'être permis d'aller à Rome avec l'intention d'écrire au *Siècle* sur la question romaine, comme il avait écrit de Naples sur la question napolitaine.

Malheureusement pour M. Paya, les autorités papales ont un personnel d'espions très nombreux et très répandus. On avait su que M. Paya avait rencontré dans je ne sais quelle ville d'Italie, à Naples, je crois, le triumvir Mazzini ; donc, s'il ne venait à Rome comme agent de Mazzini, il pouvait du moins en être véhémentement soupçonné ; et attendu qu'aux yeux de la police romaine un simple soupçon est une preuve avérée, il n'en fallut pas davantage pour que M. Paya fût jeté en prison, mis au secret et menacé d'un procès dans toutes les formes. Cependant l'absence de preuves de culpabilité était telle qu'après 22 jours d'une captivité des plus dures, malgré la ferme volonté de découvrir un corps de délit quelconque, il fallut se décider à mettre en liberté ce prisonnier français, en le reconduisant, bien entendu, jusqu'à la frontière.

C'est l'histoire de cette captivité arbitraire que M. Paya vient vous raconter dans sa brochure. Or, si, après avoir lu ces détails, vous avez envie de faire le voyage de Rome, je vous paierai du vin blanc d'Orvieto, sans exiger de vous que vous communiiez à Pâques, comme on l'exige des prisonniers à Rome, en promettant aux récalcitrants une demi-fiaschette de vin blanc, ou même une fiaschette tout entière, lorsqu'une excessive résistance commande d'excessives largesses.

Il faut du reste lire tous les détails de l'incarcération, de l'interrogatoire et de l'élargissement de M. Paya, pour avoir une juste idée de cette inquisition, fille du confessionnal, qui emploie la candeur, la perfidie et fait jouer tous les ressorts, non pas pour découvrir la vérité, mais pour trouver un coupable. Sa brochure est une pièce importante au procès qui s'instruit en ce moment contre le temporel des papes.

Mais je ne finirai pas sans faire remarquer que M. Paya se plaint d'avoir écrit ou fait écrire à l'ambassadeur, M. de Gramont, pour réclamer sa protection, sans en avoir jamais obtenu de réponse. Ce n'est ni à vous, ni à moi de scruter les motifs de la conduite de l'agent supérieur du gouvernement français à Rome ; mais le devoir des hommes qui écrivent dans un journal est de signaler les points sur lesquels notre diplomatie laisse quelque chose à désirer. Or, il est certain qu'à l'étranger notre gouvernement passe, à tort ou à raison, pour être moins soucieux de ses nationaux que le gouvernement anglais. Peut-être celui-ci protége-t-il trop les siens, peut-être les nôtres ne sont-ils pas assez impartialement couverts de la protection du drapeau. C'est une observation que je soumets respectueusement à ceux qui ont la main à la hampe de ce drapeau, et qui ont le droit de dire à tout le monde : « Découvrez-vous et n'y touchez pas. »

HENRI FERRIER.

La Presse. — Sous ce titre : *Un Prisonnier du Pape*, la librairie Chabot-Fontenay publie une brochure qui n'est pas la pièce la moins curieuse du procès qui s'instruit en Europe contre le gouvernement romain. Dans cette brochure, M. Charles Paya, auteur de plusieurs ouvrages remarquables et instructifs sur les hommes et les affaires d'Italie, retrace avec une énergique simplicité les violences dont il a été le témoin et la victime. Son écrit est court, substantiel, constamment intéressant. On y trouve une grande affection pour l'Italie, un grand amour de la liberté et un talent digne de ces nobles sentiments.

J. MAHIAS.

Le *Popolo d'Italia.* — Le gouvernement du pape en perdant son territoire n'a jamais oublié les prisonniers politiques, qui maintenant sont tous enfouis dans les prisons de la capitale. Le sentiment de la vengeance, que les prélats romains appellent justice, vit dans leurs cœurs immortels.

Petroni et ses amis gémissent maintenant à san Michele. Le Pape n'est-il pas libre ?...

M. Charles Paya, correspondant du *Siècle*, qui naguère encore vivait à Naples, s'étant rendu à Rome, a été perquisitionné dans sa chambre et conduit dans les cachots de San Michele. Vieilli dans les luttes de la liberté et de la presse, coupable de plusieurs livres, et, parmi les autres, d'une étude sur Garibaldi, c'est un homme de bûcher. Mais les mauvais temps ont éteint le feu de la sainte Inquisition, et l'on ne peut plus qu'encelluler...

Le *Charivari.* — Il vient de paraître une brochure intitulée : *Un Prisonnier du Pape*, par M. Charles Paya. L'auteur, correspondant du *Siècle* en Italie, fut arrêté à Rome le 22 mars dernier et retenu à la prison San Michele jusqu'au 12 avril, sans motif sérieux, sans jugement, et relâché, comme il avait été arrêté, sans trop savoir pourquoi ni comment. Il ne sortit de prison, cela va sans dire, que pour être expulsé des États-Romains. C'est l'histoire de son arrestation et de sa détention que M. Ch. Paya raconte dans une petite brochure remplie de détails curieux et caractéristiques.

Quoiqu'il y ait peu de choses à apprendre sur le régime des prisons romaines et sur l'arbitraire administratif du gouvernement pontifical, la relation de M. Paya contient encore des révélations piquantes à cet égard ; mais le plus instructif en cette affaire c'est de voir la façon dont les intérêts et la personne des citoyens français sont protégés dans une ville occupée et gardée par une armée française qui a restauré le pape et sans laquelle le pouvoir temporel n'existerait plus depuis longtemps.

Lors de son arrestation, M. Paya demande à écrire à l'ambassadeur de France, M. le duc de Gramont ; on ne veut pas le lui permettre. Plus tard il renouvelle plusieurs fois cette demande, même refus. On finit cependant par consentir à ce qu'il écrive, à la condition que sa lettre sera remise décachetée au directeur de la prison. Ainsi voilà la police romaine qui ose mettre la main sur une correspondance adressée à notre ambassadeur. Justement blessé dans sa dignité de Français d'une prétention aussi insolente, le détenu refuse d'user de la permission. Au sortir de la prison il est conduit au chemin de fer et part pour Civita-Vecchia sous l'escorte de deux gendarmes, sans avoir pu entrer en communication avec personne de l'ambassade ni de la police française. On dit seulement à M. Paya que M. de Gramont avait été averti de son arrestation et que les pièces de son procès avaient été envoyées à M. Mangin, le chef de la police. Mais comment se fait-il que l'ambassadeur et M. Mangin s'en soient rapportés absolument à cette procédure dérisoire, et n'aient pas daigné entendre au moins les explications d'un prisonnier que sa qualité de Français plaçait naturellement sous sa protection.

Un Italien disait à ce sujet à M. Paya : « Une croyance commune veut que le gouvernement français, très susceptible quand on touche à la nation, ait peu de sollicitude pour les individus, et de là l'apathie de ses agents à l'étranger. L'Angleterre considère toute injure faite à un individu comme une injure faite au corps, mais la France, on ne sait pourquoi, n'a pas la même idée. A tort ou à raison le pape et les cardinaux se figurent qu'ils n'ont rien à craindre d'un déni de justice envers un Français, et c'est pour cela qu'ils ont mis si peu de façons à vous arrêter : si vous eussiez été Anglais, ils auraient eu garde de vous toucher un cheveu de la tête. »

Tels sont les faits relatés dans la très curieuse brochure de M. Paya. Ils sont très graves en ce qu'ils montrent qu'il n'y a aucune sécurité personnelle pour nos nationaux à Rome, livrés par l'indifférence de nos agents au mauvais vouloir et à l'arbitraire de l'administration pontificale.   Clément CARAGUEL.

Le Salut Public. — L'éditeur Chabot-Fontenay a fait paraître aujourd'hui le récit plein d'intérêt de la captivité d'*Un Prisonnier du Pape.* L'auteur et le héros du livre est M. Charles Paya, qui avait été arrêté il y a trois mois à Rome, parce qu'il envoyait à un journal de Paris des correspondances qui n'avaient pas le don de plaire à certains membres du Sacré-Collége.   A. RIGAULT.

Le *Nazionale.* — La police romaine, qui ne respecte ni la liberté, ni la vie, ni la pudeur des femmes, a arrêté M. Paya à Rome, et l'a conduit dans la prison de san Michele.

M. Paya n'est pas seulement notre ami, mais il est l'ami de l'Italie, qu'il a toujours défendue par ses écrits, et qu'il aime comme une seconde patrie.

Il appartient à ce bataillon choisi d'écrivains, de principes et de foi libéraux, qui représentent la vraie France, et qui nous vengent des insultes et des calomnies que, sous des prétextes religieux, lancent contre nous les défenseurs du droit divin de la sainte alliance, qui, ne pouvant exhaler la bile de leur défaite contre le chef... n'ont pas honte de s'acharner comme des lions contre une nation qui se débat pour renaître.

Et la Cour romaine profite de l'appui des baïonnettes françaises pour insulter l'honneur de la France dans un de ses concitoyens ! Elle, qui sans le secours de ces baïonnettes serait contrainte de se jeter à genoux pour implorer la pitié et calmer la juste et sainte indignation du peuple romain, elle se fait forte du secours étranger, des compagnons d'armes des soldats de Magenta, pour emprisonner un compatriote des héros de Solférino !

Les turpitudes du gouvernement pontifical sont devenues proverbiales ; le monde civilisé en est scandalisé ; et alors nous ne devons point nous étonner si dans son bonheur d'arrêter et de tourmenter elle ne tient aucun compte de la gratitude qu'elle doit à la France, à la générosité de laquelle elle est redevable de tous les moments de son existence.

Ce qui nous étonnerait c'est que l'ambassadeur français prévenu n'ait point voulu se mêler de cette affaire. Nous ne voulons pas croire que cela soit vrai.

Quoi qu'il en soit, il est une puissance que la Cour pontificale n'est pas habituée à respecter, mais qui se fait respecter d'elle-même : c'est celle de la presse ; et nous, au nom du droit, au nom de la mémoire des héros morts sur les champs lombards pour la défense de l'Italie, au nom de la mémoire de Manin, qui trouva en France une hospitalité sûre, quand il était exilé et proscrit de la malheureuse Venise, nous protestons en faveur d'un illustre écrivain, et nous sommes certains que tous nos confrères ne manqueront point de faire la même chose.   *

L'Opinion nationale. — C'est un curieux chapitre, c'est un épisode très instructif de l'histoire du gouvernement pontifical que M. Charles Paya vient de publier chez Chabot-Fontenay sous ce titre : *Un Prisonnier du Pape.*

M. Charles Paya est, comme on sait, un écrivain distingué du parti libéral. Son excellente *Histoire de Naples de 1130 à 1857*, rédigée dans le sens démocratique ; son *Histoire illustrée de Garibaldi* et son volume sur l'*Origine de la Papauté*, n'étaient pas de nature à lui ménager à Rome un bon accueil. Il se décida pourtant à visiter la ville éternelle et s'embarqua à Naples le 10 mars 1861.

Ses tribulations commencèrent dès qu'il eut mis le pied sur le territoire pontifical, à Civita-Vecchia. La police le tracassa, sa bourse éprouva de rudes atteintes ; il n'était encore que dans le purgatoire, et bientôt il arriva dans la ville sainte que Dante a, dit-on, désignée dans son enfer sous le nom de *Malebolge*. Le 22 mars, il était arrêté sans aucune raison plausible, et on le conduisit à la prison de *San-Michele*.

La France, pourtant, occupait Rome pour protéger le gouvernement pontifical, et nous avions là un ambassadeur. M. Paya voulut lui écrire. La police lui refusa cette faveur, et les portes de la prison se refermèrent derrière lui. Il fut mis au secret dans une chambre, un trou, pour dire le mot, où le soleil n'avait jamais envoyé le plus pâle de ses rayons, et dont on lui fit payer d'avance le loyer, à raison de cinq baiocchi par jour.

A part certaines taquineries, le manque d'air, les interrogatoires, etc., notre compatriote fut traité avec une douceur exceptionnelle. Mais, ce qu'il faut lire dans sa brochure, c'est le régime des prisons pontificales qu'il a pu étudier sur place. Ajoutons, pour terminer, que M. Paya fut mis en liberté le 12 avril et expédié immédiatement sur Civita-Vecchia, où on le fit embarquer pour Livourne.   Alex. Bonneau.

La *Nuova Europa*. — M. Charles Paya, auteur d'une belle et récente histoire de Naples, et d'autres ouvrages politiques inspirés par un grand amour pour l'Italie, vient de Rome, où il a été tenu vingt-deux jours en prison, pour le seul délit d'être correspondant du *Siècle*. Il a publié un opuscule, dans lequel sont racontées, et les duretés auxquelles il a été soumis, et beaucoup de particularités sur les prisons de Rome, où gémissent encore plus de deux cents condamnés politiques. Il y a des choses à faire dresser les cheveux, mais nous voulons que lui-même en soit le narrateur à la France et à toute l'Europe.

L'opuscule de M. Paya montre qu'un vrai Spielberg existe dans la métropole du monde catholique, à l'ombre du drapeau français. Est-il possible que les vainqueurs de Magenta et de Solferino donnent plus longuement appui à l'horrible massacre que l'inquisition romaine fait de ceux qui désirent l'indépendance de l'Italie ? M. Paya a été délivré et escorté à Civita-Vecchia, sans avoir pu, ni durant son emprisonnement, ni avant son départ, parler avec son ambassadeur.   *

L'Écho du Nord. — Depuis longtemps, permettez-moi de vous le dire, je caresse secrètement le désir de faire un voyage à Rome, et, si j'y allais, ce serait autant pour avoir le plaisir d'envoyer à l'*Echo* mes impressions de voyage que pour ma propre et personnelle satisfaction. Mais j'ouvre à l'instant une brochure : *Un Prisonnier du Pape*, par J.-B. Charles Paya, et, après lecture, je viens vous dire franchement que mes ardeurs de pérégrination romaine se trouvent singulièrement calmées. M. Charles Paya, ancien condamné de la haute cour de Versailles, pour complicité morale, devait être naturellement suspect à la police romaine ; et par cela seul qu'il était allé à Rome en qualité de correspondant du *Siècle*, on l'a emprisonné et gardé au secret à *San-Michele*, le Mazas de Rome, pendant vingt-deux jours, parce qu'il est le collaborateur de M. Havin et de M. Jourdan, et qu'il a eu occasion de saluer Mazzini et de lui dire quelques mots en passant.

Vous allez peut-être m'objecter que M. Paya ayant une notoriété républicaine et démocratique assez grande, il n'est pas étonnant qu'il ait été surveillé à Rome et même qu'il n'ait pas trouvé dans l'ambassadeur français la protection qui ne manque pas, sans doute, aux voyageurs français étrangers à la politique; mais le hasard fait qu'aujourd'hui même j'ai rencontré une personne qui arrive d'Italie, qui est allée jusqu'aux portes de Rome sans oser y entrer, tant le gouvernement pontifical est devenu ombrageux, et cette personne n'est certes pas, comme M. Paya, un *vecchio cavallo* du parti démocratique, comme on l'appelait à *San-Michele*.

Je ferai mon voyage à Rome quand le sanfédisme aura disparu; quand je pourrai dormir dans un hôtel près du Corso, sans être exposé à être dévalisé par les facchini, à recevoir dans les cafés un coup de stylet politique et à avoir sans cesse sur mes talons la vermine policière des monsignori; en un mot, lorsque Rome sera la capitale du nouveau royaume d'Italie. Jusque-là, je m'abstiens. Le récit des tribulations de M. Paya est bien fait pour entretenir en moi ce sentiment de répulsion qu'avaient fait naître et les rapports de M. Gladstone et les livres de M. About sur la question romaine.

Les accusés politiques ne peuvent avoir que des avocats d'office qui sont les premiers à vendre leur client à la police.

Il est bien rare qu'à Rome un Anglais soit exposé aux désagréments auxquels les Français n'échappent point, bien que le gouvernement clérical ne soit debout que grâce à la protection de nos baïonnettes; cela vient de ce que le gouvernement anglais attache autant d'importance aux personnes qu'aux choses, et se tient offensé aussi bien par une insulte faite à un de ses nationaux qu'au drapeau. C'est la tradition de l'ancien *Civis sum Romanus,* dont le souvenir n'apparaît que dans l'attitude mélancolique et fière du *transteverino,* mais qui s'est atrophié au contact mielleux, hypocrite et inquisitorial des monsignori.

En somme, le récit de l'odyssée romaine de M. Paya, fait d'ailleurs avec un calme parfait, est une page de plus aux nombreux griefs qui condamnent le mélange hétérogène du pouvoir spirituel et du pouvoir temporel.   H. F.

Le Temps. — 1° Le gouvernement romain n'emprisonne que sur des preuves irréfutables, et nulle part la liberté individuelle n'est entourée de plus de respect; 2° l'incarcération admise, il n'y a point au monde de système pénitentiaire plus doux et plus paternel. Voilà deux des aphorismes qu'on est sûr de retrouver dans tous les panégyriques de la justice romaine, et auxquels la double publication de M. Paya enlève sans retour toute vraisemblance.

M. Paya était, en Italie, le correspondant du *Siècle,* et il est bon de remarquer que ses correspondances étaient signées. Muni d'un passeport, et en règle avec toutes les autorités qui, dans les états romains, multiplient les barrières devant les voyageurs, M. Paya alla à Rome. Mais il paraît que l'inoffensif correspondant avait, au su de la police romaine, commis un gros crime. Il avait rencontré une fois à Naples et salué M. Mazzini; de là à être un agent du célèbre agitateur, il y aurait eu bien loin pour une police moins prompte en ses élastiques raisonnements. M. Paya fut bel et bien et prestement incarcéré. Après une longue détention préventive, M. Paya fut tout naturellement relâché, non sans avoir eu le temps d'étudier sur le vif le régime des prisons papales.

C'est sur ce régime à l'étude que sa seconde brochure apporte des documents nouveaux, animés par les mémoires et les souvenirs d'un prisonnier célèbre: l'avocat et docteur Vincent de Tergolina.

Ces deux publications joignent aux éléments d'intérêt que nous venons de signaler le mérite de vues justes sur l'administration des États romains, jugée par son mécanisme judiciaire. Il ne faut pas oublier en lisant ces brochures rapides et mouvementées cette parole de Montesquieu, qui peut à bon droit leur servir d'épigraphe : « La bonté d'un » gouvernement se mesure au degré de sécurité qu'éprouve le citoyen » pour sa liberté individuelle. »   A. Hébrard.

Revue Nationale. — Au commencement du mois de mars dernier, M. Charles Paya, correspondant du *Siècle* en Italie, arrivait à Rome et s'installait paisiblement à l'hôtel de la Minerve. Il se proposait d'y séjourner deux ou trois mois ; mais il avait compté sans la police romaine. Le 22 au matin des sbires pénètrent dans sa chambre, et s'y livrent, malgré les protestations du voyageur, à une perquisition minutieuse ; puis ils font main basse sur les papiers, les livres et l'argent de M. Paya, qui ne les a jamais revus, et ils emmennent M. Paya lui-même à la prison de San-Michele. En vain M. Paya prouve qu'il est muni d'un passeport en règle, en vain il cherche à connaître le motif de son arrestation, en vain il se réclame de l'ambassadeur français, son protecteur naturel ; on dédaigne tout ce qu'il peut dire et on l'enferme sans autre explication, dans une cellule étroite, infecte. Ce n'est qu'après l'y avoir laissé souffrir durant vingt-deux jours, qu'on charge deux gendarmes de le conduire à Civita-Vecchia, et de l'embarquer pour Livourne.

Nous avons résumé en quelques lignes la brochure de M. Paya qui a pour titre : *Un prisonnier du pape*, et qui sera lue, nous n'en doutons pas, avec un vif intérêt, car elle jette une lumière nouvelle sur le gouvernement des cardinaux. Elle est, d'ailleurs, écrite avec une sincérité remarquable et sans déclamation, ce qui ne peut qu'ajouter aux nombreux éléments d'intérêt que l'auteur a mis en œuvre.   A. Arnould.

Il Corriere delle Marche. — Nous avons parcouru avec beaucoup d'intérêt un petit livre que M. Charles Paya intitule : *Un Prisonnier du Pape.* Avec une exactitude scrupuleuse, et un style facile et élégant, l'auteur raconte la captivité qu'il a soufferte à Rome dans la prison politique de San-Michele.

Celui qui désire se faire une juste idée de la procédure policière papale, du mode employé envers les prisonniers politiques, et des prisons politiques elles-mêmes, n'a qu'à lire ces pages. Il peut compter avec certitude qu'il y trouvera tout ce qui peut concourir à satisfaire ses désirs.

M. Paya appartient à cette classe élue de Français qui aiment sincèrement l'Italie, et qui l'ont toujours suivie dans ses malheurs et dans ses joies. Partisan passionné de la liberté sociale la plus étendue, comme celle d'où doit procéder le progrès humain, il voit dans Rome son antique origine, et il espère que dans ses murs pourra renaître la civilisation, de manière à répandre ses splendides bienfaits sur cette terre classique, arène jusqu'ici de luttes citadines, et proie des tyrans indigènes et étrangers.

Nous envoyons à M. Paya un salut fraternel, et le témoignage de notre cordiale reconnaissance.

LES PRISONS PAPALES.

La Presse. — La librairie Chabot-Fontenay met en vente aujourd'hui *Les Prisons papales.* C'est une nouvelle brochure de M. Charles Paya, qui publiait, il y a quelques jours, *Un Prisonnier du pape.* M. Paya a longtemps vécu en Italie ; il l'a étudiée sous tous les aspects ; il en connaît à fond les hommes et les choses, et peu d'écrivains, dans ces derniers temps, en ont parlé d'une manière plus saisissante et plus instructive. La cause de l'absolutisme n'a pas de plus ardent adversaire, la cause de l'indépendance de plus chaud défenseur.

Nous aurons peut-être occasion de parler de la nouvelle brochure de M. Paya ; nous en détachons aujourd'hui les passages que voici. — (Suit une citation de plusieurs colonnes.)   J. MAHIAS.

Courrier de la Rochelle. — Vous n'avez pas oublié le petit écrit où M. Charles Paya raconte ses vingt-deux jours de prison à San-Michele, à Rome, pour le fait seul d'être arrivé dans cette ville avec l'intention d'adresser au *Siècle* quelques lettres politiques. M. Charles Paya, qui est en outre auteur d'une histoire de Naples et d'une biographie de Garibaldi, continue à faire pénétrer le grand jour de la publicité dans les cachots du gouvernement romain, par une nouvelle brochure intitulée *Les Prisons papales.*

Cette fois M. Paya raconte non plus ses souffrances, mais celles d'un magistrat de Venise, ami de Manin et de Garibaldi, coupable d'avoir cru, en 1848, aux déclarations libérales parties de Vienne et de Rome. Il est difficile de détacher une seule page de ce long martyrologe du juge vénitien, Vincent de Tergolina ; tout se tient comme la chaîne par laquelle les prisonniers sont reliés les uns aux autres pendant leur sommeil. Néanmoins, je vous renvoie aux pages 59 et 60 si vous voulez savoir ce que c'est que la braga, le cavalleto, le collare (collier de fer), la mordacchia (pince au moyen de laquelle on tire la langue hors de la bouche du prisonnier pour le punir de quelques paroles téméraires contre la madone et les saints du paradis). Je vous renvoie également à la page 61, si vous voulez lire un épisode qu'on croirait emprunté aux visions de Dante.   H. FERRIER.

Il Nomade. — L'auteur de deux opuscules, *Un Prisonnier du Pape* et *Les Prisons Papales,* est un des Français qui ont le mieux mérité de l'Italie, sur laquelle il a écrit avec la plus grande sympathie, pendant dix années de prison soufferte pour la liberté, de 1849 à 1859.

Condamné à la déportation, ou captivité perpétuelle, M. Paya ne voulut jamais demander grâce, et aussi ne fut-il libre qu'en vertu de l'amnistie générale du 15 août 1849. Ses principaux ouvrages sont : *Naples, de 1130 à 1857,* dans lequel est renfermée toute l'histoire de ces provinces depuis la conquête normande jusqu'à l'héroïque tentative de Pisacane ; *De l'Origine de la Papauté,* travail plein de sens et d'érudition, et la *Vie de Garibaldi,* qui est peut-être le meilleur livre qui ait été publié en France sur le héros de Marsala et de Calatafimi.

M. Paya, dans les derniers jours de mai 1860, vint, sur mes instances, à Gênes, en qualité de correspondant du *Siècle.* Il partit ensuite avec moi pour Naples, le 13 juillet, et de là se rendit à Rome, sur la fin de l'hiver, malgré les avertissements de tous ses amis, qui ne manquèrent point de lui prédire tout ce que le mauvais gouvernement papal devait lui faire souffrir. Et de fait, peu de jours après son arrivée à Rome, M. Paya était happé par les policiers et conduit dans la fameuse prison de San-Michele, où il resta vingt-deux jours, sans que l'ambassade de France lui donnât le moindre signe de vie.

Cette capture était d'autant plus injuste, que M. Paya, en passant de Naples à Rome, ne s'était proposé d'autre but que celui de faire dans cette dernière ville ce qu'il avait fait à Naples et à Gênes, c'est-à-dire d'accomplir son devoir de correspondant du *Siècle,* ce qu'il faisait publiquement, en signant toujours ses lettres. Et aucun des papiers saisis par la police ne put servir à prouver les sottes accusations reprochées à M. Paya, de mazzinien et de conspirateur ; si bien qu'après d'inutiles interrogatoires et pas mal de demandes insidieuses de la part des jugesinquisiteurs de la cour romaine, il fallut rendre le captif à la liberté, à condition, cependant, que, de la prison de San-Michele, il partirait directement pour Civita-Vecchia, et de Civita-Vecchia pour l'étranger.

M. Paya raconte très bien tout cela, dans le premier opuscule dont je recommande la lecture à quiconque conserverait encore quelque doute sur la nécessité de ravir au pape la puissance temporelle.

Dans la seconde brochure, notre auteur décrit le misérable sort d'un Vénitien, Vincent de Tergolina, ancien ami de Manin, et qui souffrit quatre années dans les terribles cachots du pape, quoiqu'il n'eût commis d'autre faute que celle d'aimer l'Italie et la liberté. Arrêté à Rome, le 7 octobre 1851, Tergolina était conduit à la prison de Montecitorio, et confondu avec les voleurs et les assassins ; de là à San-Michele, ensuite aux cachots dits de *Termini*, et finalement dans le fameux bagne de Paliano, d'où il sortait le 29 décembre 1854, après avoir souffert les plus affreux tourments. Relativement à ceux-ci, il me suffira de dire que l'horrible régime du Spielberg est un délice en comparaison de celui auquel sont soumis les prisonniers du pontife qui s'intitule vicaire de Jésus-Christ.

Que M. Paya soit loué pour avoir fait connaître au delà des monts les infamies du pire des gouvernements!   J. RICCIARDI.

Le *Siècle*. — Dans les États laïques, on a pu dire avec raison que la loi est athée ; elle punit le coupable comme s'il ne devait pas être puni là-haut. Mais à Rome, où l'on professe le dogme des peines et des récompenses éternelles, on devait, à ce qu'il semblait, faire la part du supplice de l'enfer, et ne pas cumuler en punissant aussi sur la terre.

Eh bien, voici un Français qui est allé un jour à Rome pour satisfaire au devoir de ses fonctions de journaliste ; on l'a pris pour un émissaire politique, et on l'a jeté dans la prison de Saint-Michel, un *bien bel établissement*, comme disait le directeur de cette abominable geôle, une sorte d'établissement modèle. Or, voulez-vous savoir comment ce Français, pour lequel d'ailleurs on eut des égards, fut traité dans ce bien bel établissement pontifical ? Écoutez :

« Je me trouvai, dit M. Charles Paya, dans un réduit plus étroit que
» les cellules de Mazas. Ni l'air ni la lumière n'y entraient directement,
» et depuis que la prison de San-Michele est bâtie, le soleil n'a pas
» envoyé dans ce trou un de ses rayons. Aussi quoique la cellule n° 44
» soit située au troisième étage, les briques qui en recouvrent le sol
» sont toujours visqueuses, et l'on n'a point passé cinq minutes dans
» ce triste lieu qu'une humidité froide vous pénètre jusqu'aux os et ne
» vous quitte plus. Un baquet en bois, qui est là nuit et jour, infecte
» et corrompt l'atmosphère. Pour éviter l'asphyxie des prisonniers, l'ar-
» chitecte a ménagé dans la partie la plus basse du mur, donnant sur
» le dehors, une petite ouverture destinée à établir un courant d'air
» avec une ouverture plus grande pratiquée à l'opposite. Mais quand on
» est au secret, cette dernière ouverture est fermée par un volet forte-
» ment verrouillé, et alors le prisonnier ne respire plus qu'un air vicié
» et délétère. »

Tout le traitement du prisonnier était en rapport avec ce cachot infect. Pas de promenade, jamais d'air. Pour lieu de réunion, une chapelle qui était en même temps un lieu de récréation.

Notez que M. Charles Paya était un étranger, ayant des papiers très en règle, prévenu seulement d'être un émissaire politique ! Jugez par là de la façon dont doivent être traités les condamnés.

Il est vrai qu'à Rome un prévenu politique est considéré comme l'être le plus malfaisant de la création. Les juges ne se donnent même pas la peine de l'entendre, et on en a vu même le mettre en joue avec leurs mains à son entrée dans la salle pour lui signifier d'avance la mort. Un prévenu se plaignait d'être traité avec insolence. « Je ne suis pourtant, disait-il au magistrat instructeur, ni un voleur ni un assassin. — Tu es pire que cela », lui répondit-on.

Toutes les prisons pontificales sont plus ou moins en rapport avec celle de Saint-Michel. Point de matelas pour les prisonniers, point de draps de lit. Un malheureux, *Giuseppe del Prette*, arrêté en 1848 après l'affaire de Benevent, n'a pas couché dans des draps depuis treize ans. De lumière, on n'en a pas plus que de matelas et de draps de lit. Le prisonnier passe aini une partie de sa vie dans la plus affreuse obscurité.

Ailleurs, même dans les pays les moins civilisés, on prend pour directeurs des prisons des hommes qui ont reçu une certaine instruction, qui se font même une spécialité de l'étude des institutions pénitentiaires. A Rome ce sont d'anciens carabiniers pontificaux dont il n'y a rien à attendre. J'ai visité les prisons en Orient ; j'y ai vu donner aux prisonniers les soins les plus minutieux de la propreté. A Rome, rien de semblable : pas une étuve, pas une baignoire. Aussi l'on ne peut se représenter tous les genres de maladies qui attendent l'infortuné prisonnier !

Pour se rendre compte de ces maladies et des autres misères qui atrendent le prisonnier pontifical, il faut lire dans M. Charles Paya les souffrances de l'avocat et docteur Vincent de Tergolina. Silvio Pellico et ses compagnons de douleur n'ont pas souffert davantage. Jamais récit ne fut ni plus touchant ni plus instructif. On se demande comment il est possible que la justice du ciel soit si lente à l'égard des bourreaux qui ont torturé cette victime. Ce que Tergolina a enduré, ce qu'il a vu, ce que raconte notre collaborateur, est tellement effrayant, qu'on ose à peine le reproduire. Les *balzes*, les *ceppi*, le *braga* sont des supplices monstrueux dont la cruauté et les insultes des geoliers augmentent encore l'horreur. Le gouvernement pontifical a fait aussi appliquer à ses prisonniers le *cavaletto*, le *collare* de fer et la *mordacchia*.

« En voyant de semblables cruautés, penserait-on qu'il s'agit de notre temps ! » S'écrie M. Charles Paya.

Non, et encore moins dirons-nous, qu'il s'agit de Rome, du gouvernement qui représente la religion de charité.

Mais qu'attendre de gens qui n'ont reculé devant aucune atrocité ; qui ont imaginé comme nous l'avons dit autrefois, l'expropriation paternelle pour cause de religion !

C'est quand les Romains seront enfin maîtres d'eux-mêmes, c'est quand la domination temporelle qui pèse aujourd'hui sur eux aura pris son terme que les révélations complètes arriveront, et le monde reculera d'horreur.

En attendant, M. Charles Paya a rendu un nouveau service à la civilisation en levant un coin du voile. Son petit livre fera le tour de l'Europe et passera les mers. Les bourreaux de Tergolina seront flétris comme l'ont été ceux de Sylvio Pellico. Léon PLÉE.

Causeries Politiques. — *La Presse.* — Nous avons récemment appelé l'attention de nos lecteurs sur deux brochures de M. Charles Paya, intitulées : l'une *Un Prisonnier du Pape*, l'autre *Les Prisons Papales*. L'infatigable auteur de ces brochures remarquables publie aujourd'hui, à la librairie Chabot-Fontenay, les *Causeries Politiques*. L'extrait suivant donnera une idée de l'intérêt que présente le nouvel opuscule de M. Paya.

(Suit un extrait du *Catéchisme sur les Révolutions*, par les Jésuites de Naples.)

J. MAHRAS.